大方廣佛華嚴經

일러두기

1. 『대방광불화엄경 강설』 원문原文의 저본底本은 근세에 교정이 가장 잘 되었다고 정평이 나 있는 대만臺灣의 불타교육기금회佛陀敎育基金會에서 출판한 『화엄경소초華嚴經疏鈔』본입니다.

2. 『대방광불화엄경 강설』은 실차난타實叉難陀가 695년부터 699년까지 4년에 걸쳐 번역해 낸 80권본卷本 『대방광불화엄경』을 우리말로 옮기고 강설을 붙인 것입니다.

3. 『대방광불화엄경』은 애초 산스크리트에서 한역漢譯된 경전이지만 현재 산스크리트본은 소실된 상태입니다. 산스크리트를 음차한 경우 굳이 원래 소리를 표기하려고 하기보다는 『표준국어대사전』이나 『불교사전』 등에 등재된 한자음을 사용하는 것을 원칙으로 하였습니다.

4. 경문의 한글 번역은 동국역경원본을 참고하여 그대로 또는 첨삭을 하며 의미대로 번역하고 다듬었습니다.

5. 각 품마다 내용에 따라 단락을 나누고 제목을 달았습니다. 단락의 제목은 주로 청량淸凉스님의 견해에 기초하였고 이통현李通玄장자의 견해를 참고로 하였습니다.

6. 『대방광불화엄경 강설』의 발행 순서는 한역 경전의 편재 순서를 기준으로 하였고 각 권은 단행본 한 권씩으로 출간될 예정이며 모두 80권으로 완간됩니다. 다만 80권본에 빠져 있는 「보현행원품」은 80권본 완역 및 강설 후 시리즈에 포함돼 추가될 예정입니다.

7. 『대방광불화엄경 강설』 안에서 불교용어를 풀이한 것은 운허스님이 저술하고 동국역경원에서 편찬한 『불교사전』을 인용하였습니다.

8. 각주의 청량스님의 소疏는 대만에서 입력한 大方廣佛華嚴經 사이트의 것을 사용하였습니다.

9. 『대방광불화엄경 강설』 입법계품에 들어가는 문수지남도는 북송北宋시대 불국佛國 선사가 선재동자가 53명의 선지식을 친견하여 법을 구하는 장면을 하나하나 그림으로 그린 것입니다.

대방광불화엄경 강설
제 43 권

二十七. 십정품+定品 4

실차난타實叉難陀 한역
무비스님 강설

서문

보살마하살이 연꽃 위에 가부좌하고 앉으시니 몸의 크기가 연꽃과 잘 어울리며, 모든 부처님이 신통한 힘으로 가피하여 보살들 몸의 낱낱 모공마다 백만억 나유타 말할 수 없는 세계의 작은 먼지 수 같은 광명을 내느니라.

낱낱 광명에서는 백만억 나유타 말할 수 없는 세계의 작은 먼지 수 같은 마니보배를 나타내고,

낱낱 마니보배에서는 백만억 나유타 말할 수 없는 세계의 작은 먼지 수 누각을 나타내고,

낱낱 누각에서는 백만억 나유타 말할 수 없는 세계의 작은 먼지 수 연화장 사자좌를 나타내었느니라.

낱낱 사자좌에서는 백만억 나유타 말할 수 없는 세계의 작은 먼지 수 광명을 나타내고,

낱낱 광명에서는 백만억 나유타 말할 수 없는 세계의 작은 먼지 수 색상을 나타내고,

낱낱 색상에서는 백만억 나유타 말할 수 없는 세계의 작은 먼지 수 광명바퀴를 나타내었느니라.

낱낱 광명바퀴에서는 백만억 나유타 말할 수 없는 세계의 작은 먼지 수 비로자나 마니꽃을 나타내고,

낱낱 꽃에서는 백만억 나유타 말할 수 없는 세계의 작은 먼지 수 꽃받침을 나타내고,

낱낱 꽃받침에서는 백만억 나유타 말할 수 없는 세계의 작은 먼지 수 부처님을 나타내고,

낱낱 부처님은 백만억 나유타 말할 수 없는 세계의 작은 먼지 수 신통변화를 나타내고,

낱낱 신통변화는 백만억 나유타 말할 수 없는 세계의 작은 먼지 수 중생을 청정하게 하고,

낱낱 중생들 가운데서는 백만억 나유타 말할 수 없는 세계의 작은 먼지 수 부처님의 자유자재하심을 나타내었느니라.

낱낱 자유자재함으로는 백만억 나유타 말할 수 없는 세계의 작은 먼지 수 불법佛法을 비처럼 내리고,

낱낱 불법에는 백만억 나유타 말할 수 없는 세계의 작은 먼지 수 수다라修多羅가 있고,

낱낱 수다라에서는 백만억 나유타 말할 수 없는 세계의 작은 먼지 수 법문을 설하고,

낱낱 법문에서는 백만억 나유타 말할 수 없는 세계의 작은 먼지 수 금강지혜金剛智慧로 들어갈 법륜法輪이 있는 것을 차별한 말로 각각 다르게 연설하고,

낱낱 법륜으로는 백만억 나유타 말할 수 없는 세계의 작은 먼지 수 중생세계를 성숙하게 하고,

 낱낱 중생세계에는 백만억 나유타 말할 수 없는 세계의 작은 먼지 수 중생이 있어 불법 가운데서 조복함을 얻었느니라.

2016년 5월 15일
신라 화엄종찰 금정산 범어사
如天 無比

대방광불화엄경 목차

제1권	1. 세주묘엄품世主妙嚴品 [1]	제18권	18. 명법품明法品
제2권	1. 세주묘엄품世主妙嚴品 [2]	제19권	19. 승야마천궁품昇夜摩天宮品
제3권	1. 세주묘엄품世主妙嚴品 [3]		20. 야마천궁게찬품夜摩天宮偈讚品
제4권	1. 세주묘엄품世主妙嚴品 [4]		21. 십행품十行品 [1]
제5권	1. 세주묘엄품世主妙嚴品 [5]	제20권	21. 십행품十行品 [2]
제6권	2. 여래현상품如來現相品	제21권	22. 십무진장품十無盡藏品
제7권	3. 보현삼매품普賢三昧品	제22권	23. 승도솔천궁품昇兜率天宮品
	4. 세계성취품世界成就品	제23권	24. 도솔궁중게찬품兜率宮中偈讚品
제8권	5. 화장세계품華藏世界品 [1]		25. 십회향품十廻向品 [1]
제9권	5. 화장세계품華藏世界品 [2]	제24권	25. 십회향품十廻向品 [2]
제10권	5. 화장세계품華藏世界品 [3]	제25권	25. 십회향품十廻向品 [3]
제11권	6. 비로자나품毘盧遮那品	제26권	25. 십회향품十廻向品 [4]
제12권	7. 여래명호품如來名號品	제27권	25. 십회향품十廻向品 [5]
	8. 사성제품四聖諦品	제28권	25. 십회향품十廻向品 [6]
제13권	9. 광명각품光明覺品	제29권	25. 십회향품十廻向品 [7]
	10. 보살문명품菩薩問明品	제30권	25. 십회향품十廻向品 [8]
제14권	11. 정행품淨行品	제31권	25. 십회향품十廻向品 [9]
	12. 현수품賢首品 [1]	제32권	25. 십회향품十廻向品 [10]
제15권	12. 현수품賢首品 [2]	제33권	25. 십회향품十廻向品 [11]
제16권	13. 승수미산정품昇須彌山頂品	제34권	26. 십지품十地品 [1]
	14. 수미정상게찬품須彌頂上偈讚品	제35권	26. 십지품十地品 [2]
	15. 십주품十住品	제36권	26. 십지품十地品 [3]
제17권	16. 범행품梵行品	제37권	26. 십지품十地品 [4]
	17. 초발심공덕품初發心功德品	제38권	26. 십지품十地品 [5]

제39권	26. 십지품十地品 [6]	제58권	38. 이세간품離世間品 [6]
제40권	27. 십정품+定品 [1]	제59권	38. 이세간품離世間品 [7]
제41권	27. 십정품+定品 [2]	제60권	39. 입법계품入法界品 [1]
제42권	27. 십정품+定品 [3]	제61권	39. 입법계품入法界品 [2]
제43권	**27. 십정품 +定品 [4]**	제62권	39. 입법계품入法界品 [3]
제44권	28. 십통품+通品	제63권	39. 입법계품入法界品 [4]
	29. 십인품+忍品	제64권	39. 입법계품入法界品 [5]
제45권	30. 아승지품阿僧祇品	제65권	39. 입법계품入法界品 [6]
	31. 여래수량품如來壽量品	제66권	39. 입법계품入法界品 [7]
	32. 보살주처품菩薩住處品	제67권	39. 입법계품入法界品 [8]
제46권	33. 불부사의법품佛不思議法品 [1]	제68권	39. 입법계품入法界品 [9]
제47권	33. 불부사의법품佛不思議法品 [2]	제69권	39. 입법계품入法界品 [10]
제48권	34. 여래십신상해품如來十身相海品	제70권	39. 입법계품入法界品 [11]
	35. 여래수호광명공덕품如來隨好光明功德品	제71권	39. 입법계품入法界品 [12]
		제72권	39. 입법계품入法界品 [13]
제49권	36. 보현행품普賢行品	제73권	39. 입법계품入法界品 [14]
제50권	37. 여래출현품如來出現品 [1]	제74권	39. 입법계품入法界品 [15]
제51권	37. 여래출현품如來出現品 [2]	제75권	39. 입법계품入法界品 [16]
제52권	37. 여래출현품如來出現品 [3]	제76권	39. 입법계품入法界品 [17]
제53권	38. 이세간품離世間品 [1]	제77권	39. 입법계품入法界品 [18]
제54권	38. 이세간품離世間品 [2]	제78권	39. 입법계품入法界品 [19]
제55권	38. 이세간품離世間品 [3]	제79권	39. 입법계품入法界品 [20]
제56권	38. 이세간품離世間品 [4]	제80권	39. 입법계품入法界品 [21]
제57권	38. 이세간품離世間品 [5]	제81권	**40. 보현행원품**普賢行願品

대방광불화엄경 강설 제43권

二十七. 십정품十定品 4

5. 열 가지 큰 삼매를 설하다
  10) 무애륜 대삼매 ················· 14
    (1) 삼매에 들 때의 방편 ················· 14
    (2) 삼매에 머문 뒤의 지혜의 작용 ················· 17
    (3) 부처님의 공덕을 포섭하다 ················· 19
    (4) 보살의 지혜를 비유로 나타내다 ················· 22
    (5) 의과가 수승함을 밝히다 ················· 32
    (6) 정보가 자재함을 밝히다 ················· 37
    (7) 형상 없는 법을 통달하다 ················· 49
    (8) 부처님이 머무시는 곳에 머물다 ················· 52
    (9) 부처님의 평등한 도리에 머물다 ················· 54
    (10) 장애 없는 곳에 이르다 ················· 55

(11) 깨달은 지혜는 허공과 같다 ·············· 58
(12) 행하는 바가 걸림이 없다 ·············· 62
(13) 둘이 아닌 문에 들다 ·············· 63
(14) 삼세를 널리 보다 ·············· 65
(15) 몸이 항상 일체 국토에 충만하다 ·············· 66
(16) 지혜가 항상 밝다 ·············· 67
(17) 삼업이 끝이 없음을 얻다 ·············· 70
(18) 여래의 평등한 해탈을 구족하다 ·············· 72
(19) 덕의 수승함을 나타내다 ·············· 76
(20) 모든 법에 증득하여 들어감을 밝히다 ·············· 100
(21) 증득하여 들어간 상을 떠나다 ·············· 102
(22) 넓은 덕의 다함없음을 밝히다 ·············· 108
(23) 세 가지 비유로써 밝히다 ·············· 112
(24) 삼매에 든 상과 용을 밝히다 ·············· 121
(25) 수행하기를 권하다 ·············· 128
(26) 수행을 맺다 ·············· 137
(27) 삼매의 이익을 밝히다 ·············· 139
  1〉 밖으로 부처님의 가피를 얻다 ·············· 139
  2〉 안으로 덕이 원만하다 ·············· 148
  3〉 위로는 부처님의 과위에 포섭되다 ·············· 156

4〉 부처님의 과위에 포섭됨을 열 가지로 비유하다 ··· 161

5〉 부처님의 과위와 꼭 같다 ············able························ 176

6〉 보현보살과 문답으로 가려서 밝히다 ············· 180

　〈1〉 보안보살이 법을 묻다 ························ 180

　〈2〉 보현보살이 답하다 ·························· 184

　〈3〉 비유를 들어 밝히다 ························· 197

　〈4〉 비유와 법을 함께 밝히다 ····················· 204

　　① 온갖 행을 갖추다 ························ 204

　　② 걸림이 없는 행을 닦다 ····················· 206

　　③ 무너지지 않는 인을 밝히다 ················ 213

7〉 삼매의 이익을 거듭 밝히다 ························ 215

(28) 열 가지 삼매를 모두 맺다 ······························ 222

대방광불화엄경 강설

제43권

二十七. 십정품 4

5. 열 가지 큰 삼매를 설하다

10) 무애륜無礙輪 대삼매

(1) 삼매에 들 때의 방편

佛子야 云何爲菩薩摩訶薩의 無礙輪三昧오 佛
子야 菩薩摩訶薩이 入此三昧時에 住無礙身業과
無礙語業과 無礙意業하며 住無礙佛國土하며

"불자여, 어떤 것을 보살마하살의 걸림 없는 바퀴[無礙輪]의 삼매라 하는가. 불자여, 보살마하살이 이 삼매에 들 적에 걸림 없는 몸의 업과 걸림 없는 말의 업과 걸림 없는 뜻의 업에 머무르며 걸림 없는 부처님 국토에 머무느니라."

열 가지 큰 삼매 중에서 끝으로 걸림 없는 바퀴[無礙輪]의 삼매다. 그 이름이 걸림이 없는 삼매이므로 보살이 이 삼매에 들어갔을 때 걸림이 없는 몸과 말과 뜻의 업에 머문다. 또 걸림이 없는 부처님 국토에 머문다. 즉 걸림이 없는 신구의 삼업에 머물고 걸림이 없는 국토에 머문다. 삼업이 걸림이 없고 국토가 걸림이 없다면 다시 무엇에 걸리겠는가. 일체 수행자가 오온을 가지고 있는 동안은 오온에 장애가 되고 국토에 장애가 되어 벗어나지 못한다. 반드시 그것의 제약을 받아야 한다.

득무애성취중생지　　획무애조복중생지
得無礙成就衆生智하며 **獲無礙調伏衆生智**하며

방무애광명　　현무애광명망　　시무애광대변
放無礙光明하며 **現無礙光明網**하며 **示無礙廣大變**

화　　전무애청정법륜　　득보살무애자재
化하며 **轉無礙淸淨法輪**하며 **得菩薩無礙自在**하야

"걸림 없이 중생을 성취하는 지혜를 얻으며, 걸림 없이 중생을 조복하는 지혜를 얻으며, 걸림 없는 광명을

놓으며, 걸림 없는 광명그물을 나타내며, 걸림 없이 광대한 변화를 보이며, 걸림 없이 청정한 법륜을 굴리며, 보살의 걸림 없이 자유자재함을 얻느니라."

또 중생을 성취하고 교화하고 조복하는 데 걸림 없는 지혜를 얻는다. 또 걸림 없는 광명을 놓고 걸림 없는 광명그물을 나타내어 걸림이 없이 광대한 변화를 보이며, 걸림이 없이 청정한 법륜을 굴리며, 보살의 걸림이 없이 자유자재함을 얻는다. 불교의 수많은 용어 중에 모든 것에 걸림이 없다는 말보다 더 얻고 싶은 것이 있을까. 일체 수행에 있어서 완벽하다는 뜻이다.

보입제불력
普入諸佛力하며
보주제불지
普住諸佛智하며
작불소작
作佛所作하며

정불소정
淨佛所淨하며
현불신통
現佛神通하며
영불환희
令佛歡喜하며
행여래
行如來

행
行하며
주여래도
住如來道하며
상득친근무량제불
常得親近無量諸佛하며
작제
作諸

불사   소 제 불 종
佛事하며 **紹諸佛種**이니라

"부처님의 힘에 널리 들어가며, 부처님의 지혜에 널리 머물며, 부처님의 짓는 일을 지으며, 부처님의 청정하심을 청정하게 하며, 부처님의 신통을 나타내며, 부처님을 환희케 하며, 여래의 행을 행하며, 여래의 도道에 머물며, 한량없는 모든 부처님을 항상 친근하여 부처님의 일을 지으며, 부처님의 종성種性을 잇느니라."

걸림이 없는 삼매에 들고, 걸림이 없는 온갖 것을 얻어서 부처님의 힘에 널리 들어가며, 부처님의 지혜에 널리 머물며, 부처님의 짓는 일을 짓는다. 끝내는 모든 불사를 지어서 부처님의 종성을 이어나간다. 보살의 수행이 완벽함을 밝힌 내용이다.

(2) 삼매에 머문 뒤의 지혜의 작용

불 자 보 살 마 하 살   주 차 삼 매 이   관 일 체 지
佛子야 **菩薩摩訶薩**이 **住此三昧已**에 **觀一切智**

총관일체지 　　　별관일체지　　　수순일체지
호대 **總觀一切智**하고 **別觀一切智**하며 **隨順一切智**

현시일체지　　　반연일체지　　　견일체지
호대 **顯示一切智**하고 **攀緣一切智**하며 **見一切智**호대

총견일체지　　　별견일체지
總見一切智하고 **別見一切智**하나니라

　"불자여, 보살마하살이 이 삼매에 머물고는 일체 지혜를 관찰하는데 일체 지혜를 함께 관찰하며, 일체 지혜를 따로 관찰하며, 일체 지혜를 수순하며, 일체 지혜를 나타내 보이며, 일체 지혜를 반연하며, 일체 지혜를 보며, 일체 지혜를 함께 보며, 일체 지혜를 따로 보느니라."

　수행의 궁극적 목표는 일체 존재의 차별과 평등을 다 꿰뚫어 아는 일체 지혜를 얻는 데 있다. 이 걸림이 없는 삼매에 머물러서는 일체 지혜를 관찰하고, 수순하고, 나타내고, 반연하고, 다 본다.

(3) 부처님의 공덕을 포섭하다

於普賢菩薩의 廣大願과 廣大心과 廣大行과 廣大所趣와 廣大所入과 廣大光明과 廣大出現과 廣大護念과 廣大變化와 廣大道에 不斷不退하며 無休無替하며 無倦無捨하며 無散無亂하야 常增進恒相續하나니

"보현보살의 광대한 서원과 광대한 마음과 광대한 행과 광대하게 나아감과 광대하게 들어감과 광대한 광명과 광대하게 출현함과 광대하게 호념함과 광대한 변화와 광대한 도道에 끊지 않고, 물러나지 않고, 쉬지 않고, 바꾸지 않고, 게으르지 않고, 버리지 않고, 흩어지지 않고, 어지럽지 않고, 항상 나아가고, 항상 계속하느니라."

보살이 걸림 없는 삼매에 머물고 나서 온갖 지혜의 작용

을 얻었다. 그 지혜의 작용으로 열 가지 광대함에 끊지 않고, 물러나지 않고, 쉬지 않고, 바꾸지 않고, 게으르지 않은 등 부처님의 공덕을 포섭하게 됨을 밝혔다.

何以故ᅩ 此菩薩摩訶薩이 於諸法中에 成就大願하고 發行大乘하야 入於佛法大方便海하며 以勝願力으로 於諸菩薩所行之行에 智慧明照하야 皆得善巧하며

"무슨 까닭인가. 이 보살마하살이 모든 법에서 큰 서원을 성취하며, 대승大乘을 행하여 불법의 큰 방편 바다에 들어가며, 수승한 서원의 힘으로 모든 보살들이 수행하던 행을 지혜로 밝게 비추어 모두 교묘함을 얻느니라."

보살이 이 걸림 없는 삼매에 머물고 지혜의 작용을 얻어 부처님의 공덕을 포섭하게 된 까닭을 밝혔다. 이 삼매에 머

문 보살은 모든 법 가운데서 큰 서원을 성취하였기 때문이며, 대승을 행하여 불법의 큰 방편에 들어갔기 때문이며, 수승한 서원의 힘으로 모든 보살이 행할 바의 행을 지혜로 밝게 비추기 때문이다.

具足菩薩神通變化하야 善能護念一切衆生하며 如去來今一切諸佛之所護念하야 於諸衆生에 恒起大悲하야 成就如來不變異法이니라

"보살의 신통변화를 갖추어 일체 중생을 잘 호념하며, 과거 미래 현재 부처님들의 호념하시던 바와 같이 모든 중생에게 가엾이 여기는 마음을 항상 일으켜서 여래의 변하지 않는 법을 성취하느니라."

또 보살의 신통변화를 갖추어 일체 중생을 잘 호념하기 때문이며, 과거 미래 현재 부처님들의 호념하시던 바와 같

이 모든 중생에게 가엾이 여기는 마음을 항상 일으켜서 여래의 변하지 않는 법을 성취하였기 때문이다. 이 삼매에 머문 보살은 이러한 이유로 부처님의 공덕을 포섭하게 된 것이다.

(4) 보살의 지혜를 비유로 나타내다

佛子야 譬如有人이 以摩尼寶로 置色衣中에 其
摩尼寶가 雖同衣色이나 不捨自性인달하야

"불자여, 비유컨대 어떤 사람이 마니보석을 물을 들인 천 위에다 두면 그 마니보석이 천의 빛과 같아지면서도 제 성품을 버리지 아니하는 것과 같으니라."

여기에 비유된 마니보석을 살펴보면 마니보석은 지체의 색이 없고 투명하여 주변의 색깔을 받아 자신의 색깔로 삼는 것을 알 수 있다. 그래서 천 위에 두면 그 천의 색깔과 같아지지만 마니보석 자체의 성품은 그대로 가지고 있다.

菩薩摩訶薩도 亦復如是하야 成就智慧로 以爲心寶하야 觀一切智하야 普皆明現이나 然不捨於菩薩諸行하나니

"보살마하살도 그와 같아서 지혜를 성취하여 마음의 보배로 삼고 일체 지혜를 관찰하면 널리 분명하게 다 나타나거니와 그러나 보살의 행을 버리지 아니하느니라."

보살도 그와 같아서 비록 지혜를 성취하여 마음의 보배로 삼아 일체 지혜를 관찰하여 널리 밝게 나타내지만 보살로서의 모든 보살행은 그대로 가지고 있다.

何以故오 菩薩摩訶薩이 發大誓願하야 利益一切衆生하며 度脫一切衆生하며 承事一切諸佛하며

엄정일체세계　　안위중생　　심입법해
嚴淨一切世界하며 **安慰衆生**하며 **深入法海**하며

"왜냐하면 보살마하살이 큰 서원을 내어 일체 중생을 이익하게 하며, 일체 중생을 제도하며, 모든 부처님을 섬기며, 모든 세계를 깨끗이 장엄하며, 중생을 위로하여 법의 바다에 들게 하며,

　　위정중생계　　현대자재　　급시중생　　보
爲淨衆生界하야 **現大自在**하며 **給施衆生**하며 **普**
조세간　　입어무변환화법문　　　불퇴부전
照世間하며 **入於無邊幻化法門**하야 **不退不轉**하며
무피무염
無疲無厭이니라

중생세계를 깨끗이 하려고 크게 자재함을 나타내어 중생들에게 베풀어 주며, 세간을 두루 비추어 그지없는 환영 같은 법문에 들게 하되, 물러나지 않고 달라지지 아니하며, 고달프지도 않고 싫은 마음도 없느니라."

보살이 큰 서원을 내어 일체 중생을 이익하게 하며, 일체

중생을 제도하며, 모든 부처님을 섬기는 등의 보살행을 마음껏 펼치더라도 세상을 널리 밝게 하려는 보살의 본분에서 물러서지도 않고 싫어하지도 않음을 밝혔다.

佛子야 譬如虛空이 持衆世界호대 若成若住에 無厭無倦하며 無羸無朽하며 無散無壞하며 無變無異하며 無有差別하야 不捨自性하나니 何以故오 虛空自性이 法應爾故인달하야

"불자여, 비유하자면 마치 허공이 모든 세계를 싸고 있으면서 이루어지거나 머물러 있거나에 싫어하지도 않고, 게으르지도 않고, 병들지도 않고, 쇠하지도 않고, 흩어지지도 않고, 파괴되지도 않고, 변하지도 않고, 달라지지도 않고, 차별도 없어서 제 성품을 버리지 않는 것과 같으니라. 무슨 까닭인가. 허공의 자체 성품이 으레 그런 까닭이니라."

드넓은 허공에서는 지구를 위시하여 무수한 별들의 세계가 성주괴공成住壞空하고, 또 각각 별에서는 온갖 사물이 생주이멸生住異滅한다. 그와 같이 성주괴공하고 생주이멸하는 변화에 따라 이루어지거나 머물러 있거나에 싫어하지도 않고, 게으르지도 않고, 병들지도 않고, 쇠하지도 않고, 흩어지지도 않고, 파괴되지도 않고, 변하지도 않고, 달라지지도 않는다. 허공의 본성은 아무런 차별이 없고 자성을 버리지도 않는다.

보 살 마 하 살　　역 부 여 시　　입 무 량 대 원
菩薩摩訶薩도 **亦復如是**하야 **立無量大願**하야
도 일 체 중 생　　심 무 염 권
度一切衆生호대 **心無厭倦**이니라

"보살마하살도 또한 그와 같아서 한량없는 큰 원을 세우고 일체 중생을 제도하되 게으른 마음이 없느니라."

허공의 자체 성품이 으레 그렇게 아무런 변화가 없듯이 보살도 큰 서원을 세워 일체 중생을 제도하더라도 마음에 싫

어하거나 게으름이 없다. 보살이 중생을 제도하는 일에 조금이라도 싫증이나 게으름을 낸다면 그는 아직 성숙하지 못한 보살이다.

佛子야 譬如涅槃이 去來現在無量衆生이 於中
滅度호대 終無厭倦하나니 何以故오 一切諸法의 本性
淸淨이 是謂涅槃이어니 云何於中에 而有厭倦인달하야

"불자여, 비유하자면 마치 열반은 과거 미래 현재에 한량없는 중생이 그 가운데서 죽더라도 마침내 싫어하고 게으름이 없느니라. 왜냐하면 일체 모든 법의 본성품이 청정한 것을 열반이라 하나니 어찌하여 그 가운데 싫어하고 게으름이 있겠는가."

열반을 비유로 들면서 대승적 열반, 특히 화엄경에서의 열반에 대한 견해를 확고히 한 부분이라고 할 수 있다. 열반은 '반열반般涅槃'이라고도 하는데 멸滅, 적멸寂滅, 이계離繫, 해

탈解脫, 원적圓寂의 의미를 가진다. 이 열반에 관한 사상은 우리나라에서 열반종涅槃宗 창종 이래 널리 연구·전승되었다.

원래 열반은 불을 입으로 불어서 끄는 것, 불어서 꺼진 상태 등을 나타내며, 타오르는 번뇌의 불을 없애어 깨달음의 지혜인 보리菩提를 완성한 경지를 말하는 것이라고 정의하였다. 그러나 화엄경에서는 언제 어떤 수행을 통해서 새삼스럽게 얻어지는 것이 아니라 "일체 모든 존재의 본성이 텅 비어 청정한 것이 곧 열반"이라고 하였다. 그렇다면 일체 중생이 얻고 얻지 못하고에 관계없이 본래로 열반 속에 있으면서 죽고 태어남을 거듭할 뿐이다. 일체 중생이 이미 열반 안에서 죽는데 열반이 그것을 싫어하거나 게으를 까닭이 없다. 일체 중생은 본래로 한순간도 열반을 떠난 적이 없다. 그러므로 새삼스럽게 증득할 일도 없다. 마치 바다의 물결이 바람을 따라 출렁이더라도 물의 본성에는 아무런 변화가 없는 것과 같다. 물의 본성은 본래 있어서 새롭게 얻는 것이 아니듯이 열반도 본래 있는 것으로 새롭게 증득하는 것이 아니다.

菩薩摩訶薩도 亦復如是하야 爲欲度脫一切衆生하야 皆令出離하야 而現於世어니 云何而起疲厭之心이리오

"보살마하살도 또한 그와 같아서 일체 중생을 제도하여 모두 벗어나게 하려고 세상에 출현하였는데 어찌하여 고달픈 마음을 내겠는가."

보살은 일체 중생을 제도하여 모든 번뇌와 생사로부터 벗어나게 하려고 세상에 출현하였다. 이와 같은 의무가 없으면 보살도 없다. 그런데 어찌하여 중생을 제도하는 데 피곤해하거나 싫증을 내겠는가.

佛子야 如薩婆若가 能令過去未來現在一切菩薩로 於諸佛家에 已現當生하며 乃至令成無上

보리   종불피염
菩提호대 **終不疲厭**하나니

"불자여, 일체 지혜[薩婆若]가 과거 미래 현재의 모든 보살들로 하여금 부처님 가문에 이미 태어났고, 지금 태어나고, 장차 태어나서 위없는 깨달음을 이루게 하여도 마침내 싫어하거나 고달픔이 없느니라."

불법 수행의 궁극은 사람 사람이 본래로 갖춘 일체 지혜를 깨닫는 데 있다. 그 일체 지혜가 과거 미래 현재의 모든 보살들로 하여금 부처님 가문에 태어나서 최상의 깨달음을 이루게 한다. 즉 일체 지혜에서 출발하여 일체 지혜인 최상의 깨달음을 이루게 하는 것이다. 그러나 그 일체 지혜는 조금도 피곤해하거나 싫어함이 없다.

하 이 고   일 체 지   여 법 계 무 이 고   어 일 체 법
何以故오 **一切智**가 **與法界無二故**며 **於一切法**

무 소 착 고
에 **無所着故**인달하야

"무슨 까닭인가. 일체 지혜와 법계가 둘이 아닌 까닭이며, 일체 법에 집착이 없는 까닭이니라."

그 까닭은 일체 지혜와 우주법계는 다른 것이 아니며 둘이 아니기 때문이다. 앞에 비유한 열반과 같이 일체 지혜도 사람과 우주법계와 본래로 하나이다. 또한 중생 그대로가 일체 지혜이다. 그러므로 일체 법에 집착이 있을 까닭이 없다.

보살 마 하 살   역 부 여 시   기 심 평 등   주
菩薩摩訶薩도 亦復如是하야 其心平等하야 住
일 체 지   운 하 이 유 피 염 지 심
一切智어니 云何而有疲厭之心이리오

"보살마하살도 그와 같아서 마음이 평등하여 일체 지혜에 머물렀는데 어찌 고달프거나 싫은 마음이 있겠는가."

열반의 비유와 일체 지혜의 비유와 같이 보살도 또한 그 마음이 평등해서 본래로 일체 지혜에 머문다. 그러므로 보살

이 곧 일체 지혜며, 일체 지혜가 곧 보살이다. 그래서 달리 피로해하거나 싫은 마음이 없다.

(5) 의과依果가 수승함을 밝히다

佛子야 此菩薩摩訶薩이 有一蓮華호대 其華廣大가 盡十方際하야 以不可說葉과 不可說寶와 不可說香으로 而爲莊嚴하고

"불자여, 이 보살마하살에게 한 연꽃이 있으니 그 꽃은 매우 넓고 커서 시방의 끝까지 이르렀고, 말할 수 없는 잎과 말할 수 없는 보배와 말할 수 없는 향香으로 장엄하였느니라."

의과依果란 보살이 의지하는 의보依報다. 즉 과거에 닦은 수행이나 지은 행위의 과보로 받은 부처나 보살이나 중생의 몸이 의지하고 있는 국토와 의식주 등 환경을 뜻한다. 열 번

째 걸림이 없는 큰 삼매에 머문 보살에게 하나의 연꽃이 곧 의지할 결과의 과보가 됨을 밝혔다. 걸림이 없는 큰 삼매에 머문 보살이 얼마나 훌륭한 의지할 결과가 있는가를 연꽃으로 표현하였다. 그 연꽃은 매우 넓고 커서 시방의 끝까지 이르렀다. 즉 이 보살은 시방세계를 하나의 연꽃으로 하여 자신의 의지할 곳으로 삼은 것이다. 세계일화世界一花가 곧 보살이 의지하여 생활하는 경계이다. 이 삼매에 머문 보살은 시방세계가 하나의 연꽃이므로 또 말할 수 없는 잎과 말할 수 없는 보배와 말할 수 없는 향香으로 장엄하였다.

其기不불可가說설寶보가 復부各각示시現현種종種종衆중寶보하야 淸청淨정妙묘好호하야 極극善선安안住주하며

"그 말할 수 없는 보배에서는 다시 각각 여러 가지 보배를 나타내어 청정하고 훌륭하여 지극히 편안하게 머물러 있느니라."

기화   상방중색광명   보조시방일체세계
其華가 **常放衆色光明**하야 **普照十方一切世界**

　　무소장애   진금위망   미부기상   보
하야 **無所障礙**하며 **眞金爲網**하야 **彌覆其上**하고 **寶**

탁서요   출미묘음   기음   연창일체지법
鐸徐搖하야 **出微妙音**호대 **其音**이 **演暢一切智法**하며

"그 꽃에서는 항상 여러 빛깔 광명을 놓아 시방 세계를 두루 비추어도 장애가 없으며, 진금眞金으로 그물이 되어 그 위에 덮이었고, 보배 풍경은 천천히 흔들리면서 미묘한 음성이 나는데 그 음성은 일체 지혜의 법을 연설하느니라."

그 연꽃에는 말할 수 없는 보배가 있고, 그 보배들은 다시 각각 여러 가지 보배를 나타낸다. 그 꽃은 또 항상 온갖 색깔의 광명을 놓고 그 광명은 시방의 일체 세계를 환하게 비춘다. 진금으로 된 그물이 있어서 연꽃 위를 덮었는데 그물에는 보배로 된 풍경이 달려 있다. 풍경은 천천히 흔들리면서 아름답고 미묘한 소리를 내는데 그 소리는 일체 지혜의 법을 연설한다. 걸림이 없는 큰 삼매에 머문 보살은 이 우주

법계를 이와 같이 수용한다.

차 대 연 화　　구 족 여 래 청 정 장 엄　　일 체 선 근
此大蓮華가 **具足如來淸淨莊嚴**하니 **一切善根**

지 소 생 기　　길 상 위 표　　신 력 소 현
之所生起며 **吉祥爲表**하니 **神力所現**이며

"이 큰 연꽃은 여래의 청정한 장엄을 구족하였으니 일체 선근으로 생기었으며, 길상吉祥한 것으로 표시하고 신통의 힘으로 나타난 바이니라."

걸림이 없는 큰 삼매에 머문 보살이 의지할 과보인 세계는 곧 하나의 큰 연꽃인데 이 연꽃은 여래의 청정한 장엄을 구족하였다. 그래서 일체 선근으로 생긴 것이다. 여래의 청정 장엄이란 본래 갖추고 있는 모든 선근이기 때문이다. 그러므로 밖으로 드러난 것까지 모두 길상한 모습들이다.

유 십 천 아 승 지 청 정 공 덕　　보 살 묘 도 지 소 성
有十千阿僧祇淸淨功德하니 **菩薩妙道之所成**

就^며 一切智心之所流出^{이며} 十方佛影^이 於中顯
現^{하야} 世間瞻仰^을 猶如佛塔^{하고} 衆生見者^가 無不
禮敬^{하니} 從能了幻正法所生^{이라} 一切世間^이 不可
爲喩^{러라}

"십천 아승지 청정한 공덕이 있으니 보살의 묘한 도(道)로 이루어지고, 일체 지혜의 마음으로 나왔으며, 시방 부처님의 그림자가 그 가운데 나타나서 세상에서 우러러보기를 마치 부처님 탑과 같이 하여 중생들은 보는 이마다 예경하니, 요술 같은 줄을 아는 바른 법에서 나왔으며 일체 세간의 것으로는 비유할 수가 없느니라."

위에서 밝힌 것뿐만 아니라 또 십천 아승지 청정한 공덕이 있는데 이 보살의 미묘한 도로 이루어졌다. 이것도 역시 일체 지혜의 마음에서 흘러나온 바다. 시방에 있는 부처님의 그림자가 그 가운데 나타나는데 세상에서 우러러보기를 마치 부처님 탑과 같이 여긴다. 세존이 열반에 드시고 나서 사리를 거두어 탑을 세웠는데 모든 중생들이 그 불탑을 마치 부처님을 우러러보듯이 하였다. 그와 같이 시방에 있는 부처님의 영상을 마치 불탑을 우러러 바라보듯이 한다는 것이다. 부처님의 영상을 중생들은 모두모두 예경하였다. 여기까지 걸림이 없는 큰 삼매에 머문 보살의 의지할 과보를 밝혔다.

(6) 정보正報가 자재함을 밝히다

菩薩摩訶薩이 **於此華上**에 **結跏趺坐**하니 **其身大小**가 **與華相稱**하야 **一切諸佛神力所加**로 **令菩薩身一一毛孔**에 **各出百萬億那由他不可說佛刹微塵數光明**하며

"보살마하살이 이 연꽃 위에 가부좌하고 앉으시니

몸의 크기가 연꽃과 잘 어울리며, 모든 부처님이 신통한 힘으로 가피하여 보살들 몸의 낱낱 모공마다 백 만억 나유타 말할 수 없는 세계의 작은 먼지 수 같은 광명을 내느니라."

이제 보살의 정보正報가 자재함을 밝히는 내용이다. 정보正報란 과거의 업인業因에 따라 내생來生에 어떠한 몸으로 나타나 받는 과보이다. 부처님이나 보살이나 중생들의 몸이다. 여기에서는 걸림이 없는 큰 삼매에 머문 보살의 몸을 밝혔다. "보살마하살이 이 연꽃 위에 가부좌하고 앉으시니 몸의 크기가 연꽃과 잘 어울리며, 모든 부처님이 신통한 힘으로 가피하여 보살들 몸의 낱낱 모공마다 백만억 나유타 말할 수 없는 세계의 작은 먼지 수 같은 광명을 놓았다."는 것이 곧 이 보살의 정보正報가 자재함을 밝힌 내용이다.

일 일 광 명　　현 백 만 억 나 유 타 불 가 설 불 찰 미
一一光明에 現百萬億那由他不可說佛刹微

진수마니보 기보 개명보광명장 종종색
塵數摩尼寶하니 **其寶**가 **皆名普光明藏**이라 **種種色**

상 이위장엄 무량공덕지소성취 중보급
相으로 **以爲莊嚴**하니 **無量功德之所成就**며 **衆寶及**

화 이위나망 미부기상 산백천억나유
華로 **以爲羅網**하야 **彌覆其上**하고 **散百千億那由**

타수승묘향 무량색상 종종장엄 부현
他殊勝妙香하야 **無量色相**으로 **種種莊嚴**하며 **復現**

부사의보장엄개 이부기상
不思議寶莊嚴蓋하야 **以覆其上**하고

"낱낱 광명에서 백만억 나유타 말할 수 없는 세계의 작은 먼지 수 같은 마니보배를 나타내니, 그 보배의 이름은 '넓은 광명창고'이고, 갖가지 빛으로 장엄하니 한량없는 공덕으로 성취되었으며, 온갖 보배와 연꽃으로 그물이 되어 그 위에 덮이었고, 백천억 나유타 수승한 향을 흩으니 한량없는 색상으로 장엄하였고, 다시 헤아릴 수 없는 보배 일산日傘으로 그 위를 덮었느니라."

이 보살이 몸의 낱낱 모공마다 백만억 나유타 말할 수 없는 세계의 작은 먼지 수 같은 광명을 놓았는데 그 낱낱 광명에서 또 백만억 나유타 말할 수 없는 세계의 작은 먼지 수 같은 마니보배를 나타내었다. 그리고 그 마니보배의 광명과 색상 장엄과 그것을 성취한 까닭 등을 부연하여 설하였다.

一一摩尼寶_에 悉現百萬億那由他不可說佛刹微塵數樓閣_{하며}

"낱낱 마니보배에서는 백만억 나유타 말할 수 없는 세계의 작은 먼지 수 누각을 나타내고,

一一樓閣_에 現百萬億那由他不可說佛刹微塵數蓮華藏獅子之座_{하며}

낱낱 누각에서는 백만억 나유타 말할 수 없는 세계

의 작은 먼지 수 연화장 사자좌를 나타내었느니라."

보살의 몸에는 낱낱 모공이 있고 그 낱낱 모공에서는 무수한 광명을 놓고, 그 무수한 광명마다 무수한 마니보배를 나타내고, 그 마니보배에서는 무수한 누각이 나타나고, 그 누각마다 무수한 사자좌가 나타나 있다. 이와 같이 전전이 끝없는 장엄으로 보살의 정보正報가 자재함을 밝혀 나간다. 보살이 십주와 십행과 십회향과 십지를 지나 등각等覺의 단계인 열 가지 큰 삼매[十定]에 머무르게 된 경지를 설하고 있다.

일 일 사 자 좌   현 백 만 억 나 유 타 불 가 설 불 찰
一一獅子座에 **現百萬億那由他不可說佛刹**
미 진 수 광 명
微塵數光明하며

"낱낱 사자좌에서는 백만억 나유타 말할 수 없는 세계의 작은 먼지 수 광명을 나타내고,

一一<ruby>光明<rt>일일광명</rt></ruby>에 <ruby>現百萬億那由他不可說佛刹微<rt>현백만억나유타불가설불찰미</rt></ruby>
<ruby>塵數色相<rt>진수색상</rt></ruby>하며

낱낱 광명에서는 백만억 나유타 말할 수 없는 세계의 작은 먼지 수 색상을 나타내고,

一一<ruby>色相<rt>일일색상</rt></ruby>에 <ruby>現百萬億那由他不可說佛刹微<rt>현백만억나유타불가설불찰미</rt></ruby>
<ruby>塵數光明輪<rt>진수광명륜</rt></ruby>하며

낱낱 색상에서는 백만억 나유타 말할 수 없는 세계의 작은 먼지 수 광명바퀴를 나타내었느니라."

一一<ruby>光明輪<rt>일일광명륜</rt></ruby>에 <ruby>現百萬億那由他不可說佛刹<rt>현백만억나유타불가설불찰</rt></ruby>
<ruby>微塵數毘盧遮那摩尼寶華<rt>미진수비로자나마니보화</rt></ruby>하며

"낱낱 광명바퀴에서는 백만억 나유타 말할 수 없는 세계의 작은 먼지 수 비로자나 마니꽃을 나타내고,

일일화   현백만억나유타불가설불찰미진
一一華에 現百萬億那由他不可說佛刹微塵
수대
數臺하며

낱낱 꽃에서는 백만억 나유타 말할 수 없는 세계의 작은 먼지 수 꽃받침을 나타내고,

일일대   현백만억나유타불가설불찰미진
一一臺에 現百萬億那由他不可說佛刹微塵
수불
數佛하며

낱낱 꽃받침에서는 백만억 나유타 말할 수 없는 세계의 작은 먼지 수 부처님을 나타내고,

일일불   현백만억나유타불가설불찰미진
一一佛에 現百萬億那由他不可說佛刹微塵

수신변
數神變하며

  낱낱 부처님은 백만억 나유타 말할 수 없는 세계의 작은 먼지 수 신통변화를 나타내고,

일일신변   정백만억나유타불가설불찰미
一一神變에 淨百萬億那由他不可說佛刹微

진수중생중
塵數衆生衆하며

  낱낱 신통변화는 백만억 나유타 말할 수 없는 세계의 작은 먼지 수 중생을 청정하게 하고,

일일중생중중   현백만억나유타불가설불
一一衆生衆中에 現百萬億那由他不可說佛

찰미진수제불자재
刹微塵數諸佛自在하며

낱낱 중생들 가운데는 백만억 나유타 말할 수 없는 세계의 작은 먼지 수 부처님의 자유자재하심을 나타내었느니라."

보살이 연꽃 위에 가부좌를 맺고 앉아 있는데 보살의 몸 낱낱 모공에서 무수한 광명을 놓고, 낱낱 광명에서 무수한 마니보배가 나타나고, 낱낱 마니보배에서 무수한 누각이 나타나고, 낱낱 누각에서 무수한 사자좌가 나타나고, 낱낱 사자좌에서 다시 무수한 광명이 나타나고, 낱낱 광명에서 무수한 색상이 나타나고, 낱낱 색상에서 무수한 광명바퀴가 나타나고, 낱낱 광명바퀴에서 무수한 마니보배 꽃이 나타나고, 낱낱 꽃에서 또 무수한 꽃받침이 나타나고, 낱낱 꽃받침에서 무수한 부처님이 나타나고, 낱낱 부처님에게서 무수한 신통변화가 나타나고, 낱낱 신통변화는 무수한 중생을 청정하게 하고, 낱낱 중생들 가운데서 부처님의 자유자재하심을 나타내었다. 이것이 모두 보살의 몸으로부터 나타난 현상들이다. 즉 보살의 정보正報인 것이다.

一一自在_에 雨百萬億那由他不可說佛刹微
塵數佛法_{하며}

"낱낱 자유자재함으로는 백만억 나유타 말할 수 없는 세계의 작은 먼지 수 불법佛法을 비 내리고,

一一佛法_에 有百萬億那由他不可說佛刹微
塵數修多羅_{하며}

낱낱 불법에는 백만억 나유타 말할 수 없는 세계의 작은 먼지 수 수다라修多羅가 있고,

一一修多羅_에 說百萬億那由他不可說佛刹
微塵數法門_{하며}

낱낱 수다라에서는 백만억 나유타 말할 수 없는 세계의 작은 먼지 수 법문을 설하고,

일일법문 유백만억나유타불가설불찰미
一一法門에 **有百萬億那由他不可說佛刹微**

진수금강지소입법륜 차별언사 각별연설
塵數金剛智所入法輪하야 **差別言辭**로 **各別演說**
하며

낱낱 법문에서는 백만억 나유타 말할 수 없는 세계의 작은 먼지 수 금강지혜金剛智慧로 들어갈 법륜이 있는 것을 차별한 말로 각각 다르게 연설하고,

일일법륜 성숙백만억나유타불가설불찰
一一法輪에 **成熟百萬億那由他不可說佛刹**

미진수중생계
微塵數衆生界하며

낱낱 법륜으로는 백만억 나유타 말할 수 없는 세계의 작은 먼지 수 중생세계를 성숙하게 하고,

일일중생계　유백만억나유타불가설불찰
一一衆生界에 有百萬億那由他不可說佛刹

미진수중생　어불법중　이득조복
微塵數衆生하야 於佛法中에 而得調伏하니라

　낱낱 중생세계에는 백만억 나유타 말할 수 없는 세계의 작은 먼지 수 중생이 있어 불법 가운데서 조복함을 얻었느니라."

　무수한 부처님의 낱낱 자유자재에서 무수한 불법을 비내리고, 낱낱 불법에는 무수한 수다라가 있고, 낱낱 수다라에는 무수한 법문이 있고, 낱낱 법문에서는 무수한 금강지혜로 들어갈 법륜이 있는 것을 차별한 말로 각각 다르게 연설하고, 낱낱 법륜으로 무수한 중생세계를 성숙하게 하고, 낱낱 중생세계에 또 무수한 중생이 있어서 불법 가운데서 조복함을 얻었다. 여기까지 걸림이 없는 큰 삼매에 머문 보살의 몸의 과보[正報]이다.

(7) 형상 없는 법을 통달하다

佛_불子_자야 菩_보薩_살摩_마訶_하薩_살이 住_주此_차三_삼昧_매에 示_시現_현如_여是_시神_신通_통境_경界_계無_무量_량變_변化_화호대 悉_실知_지如_여幻_환하야 而_이不_불染_염着_착하며

"불자여, 보살마하살이 이 삼매에 머물러서는 이와 같이 신통한 경계와 한량없는 변화를 나타내지마는 모두 다 환영과 같음을 알고 물들지 않느니라."

걸림이 없는 큰 삼매에 머문 보살의 의보_{依報}와 정보_{正報}에 대해서 장황하게 설하였는데 그 모든 신통한 경계의 한량없는 변화를 나타내지만 그 한량없는 변화는 모두 환영과 같은 줄을 잘 알아 결코 물들거나 집착하지 않는다.

安_안住_주無_무邊_변한 不_불可_가說_설法_법과 自_자性_성淸_청淨_정과 法_법界_계實_실相_상과 如_여來_래種_종性_성의 無_무礙_애際_제中_중하야

二十七. 십정품 | 定品 4

"그지없고 말할 수 없는 법과 자성이 청정함과 법계의 실상實相과 여래 종성種性의 걸림 없는 경계[無礙際] 가운데 편안히 머무느니라."

그지없고 말할 수 없는 법, 그것은 곧 자성이 본래로 청정함이며 법계의 진실한 모양이다. 달리 말하면 진여자성眞如自性이다. 그리고 이 진여자성으로서의 법계의 진실한 모양은 실로 보살에게도 중생에게도 존재하는 여래의 종성이다. 그 종성은 걸림이 없는 경계다. 이와 같은 경지에 보살은 편안히 머문다. 누구나 본래로 가진 것이지만 보살은 그곳에 편안히 머물고 중생은 머물고 있으면서도 잊고 있어서 누리지 못할 뿐이다.

무거무래 비선비후 심심무저 현량소득
無去無來며 非先非後라 甚深無底하니 現量所得일새 以智自入이요 不由他悟며 心不迷亂하고 亦無分別하니라
이지자입 불유타오 심불미란 역무분별

"가는 것도 없고 오는 것도 없으며, 앞도 아니고 뒤도 아니며, 깊고 깊어 그 밑이 없느니라. 드러난 분량[現量] 그대로 증득하며, 지혜로써 스스로 들어가고, 다른 이를 말미암지 않고 깨달으며, 마음이 미혹하여 어지럽지 않고 또한 분별도 없느니라."

보살이 편안히 머무는 그지없고 말할 수 없는 법과 자성이 청정함과 법계의 실상은 본래 가는 것도 없고 오는 것도 없으며, 앞도 아니고 뒤도 아니며, 깊고 깊어 그 밑이 없다.

청량스님은 소疏에서 설명하기를, "'그지없고 말할 수 없는 법'은 곧 말을 떠난 진여[離言真如]이다. 또 '법계의 실상實相과 걸림 없는 경계'까지도 모두 진여의 다른 이름이다. '여래종성'이란 모든 부처님은 고정된 성품이 없음으로 성품을 삼기 때문이다. 그러므로 여래출현품如來出現品에 말하기를 '다 같은 한 가지 성품이니 이른바 성품이 없음이다.'라고 하였으며, 법화경에 이르기를 '법은 항상 성품이 없으며 부처님의 종성은 인연으로부터 일어난 것임을 안다.'라고 하였다. '가는 것도 없고 오는 것도 없다.'는 등은 진여를 거듭 드러낸 것이니 곧 중도中道이다. 그러므로 '깊고 깊어서 그 밑이 없다.'"[1]라고 하였다.

(8) 부처님이 머무시는 곳에 머물다

爲去來今一切諸佛之所稱讚이며 從諸佛力之所流出이라 入於一切諸佛境界하야 體性如實하며 淨眼現證하고 慧眼普見하야 成就佛眼하야 爲世明燈하며 行於智眼의 所知境界하야 廣能開示微妙法門하나니라

"과거 미래 현재 일체 모든 부처님의 칭찬하시는 바이니 모든 부처님의 힘으로부터 생겨났으며, 일체 모든 부처님 경계에 들어가니 자체 성품이 실상과 같으며, 청

---

1) 【不可說法】, 卽離言眞如. 其 【法界實相及無礙際】, 皆眞如異名. 而云 【如來種性】者, 諸佛以無性眞如而爲性故. 出現品云「皆同一性, 所謂無性」. 法華云「知法常無性 佛種從緣起」. 【無去來等】, 重顯眞如, 卽是中道. 故 【深無底】.

정한 눈[淨眼]으로 밝게 증득하고, 지혜 눈[慧眼]으로 두루 보며, 부처님 눈[佛眼]을 성취하며, 세상의 밝은 등불이 되며, 슬기로운 눈[智眼]으로 아는 경계에 나아가, 미묘한 법문을 널리 열어 보이느니라."

그지없고 말할 수 없는 법과 자성이 청정함과 법계의 실상實相과 여래 종성種性의 걸림 없는 경계[無礙際]는 곧 진여자성이다. 이와 같은 법을 과거 미래 현재의 모든 부처님이 크게 칭찬하는 바다. 실로 삼세 모든 부처님과 선지식들은 오로지 이 한 법을 드러내어 찬탄할 뿐이다. 그것은 진여자성이며 참마음이며 참사람이다. 이 법은 사람 사람이 본래 갖춘 부처님[本來佛]의 공덕에서 흘러나온 바다.

이 법은 자체 성품이 실상과 같아서 청정한 눈이라야 밝게 증득할 수 있으며, 지혜의 눈이라야 두루 볼 수 있으며, 부처님의 눈이라야 성취할 수 있으며, 세상의 밝은 등불이 되는 법의 눈[法眼]이라야 볼 수 있으며, 슬기로운 눈이라야 알 수 있는 경계이다. 그와 같아야 이 미묘한 법문을 널리 열어 보인다.

(9) 부처님의 평등한 도리에 머물다

成_성菩_보提_리心_심하고 趣_취勝_승丈_장夫_부하야 於_어諸_제境_경界_계에 無_무有_유 障_장礙_애하며 入_입智_지種_종性_성하야 出_출生_생諸_제智_지하며 離_이世_세生_생法_법호대 而_이現_현受_수生_생하며 神_신通_통變_변化_화와 方_방便_편調_조伏_복하는 如_여是_시一_일切_체가 無_무非_비善_선巧_교하니라

"보리심을 성취하여 훌륭한 대장부가 되며, 모든 경계에 장애가 없고, 지혜의 성품[智種性]에 들어가 여러 가지 지혜를 내며, 세간에 태어나는 법을 여의었지마는 일부러 태어나며, 신통과 변화와 방편으로 조복하는 이와 같은 모든 것이 선교善巧 아닌 것이 없느니라."

걸림 없는 삼매에 머문 보살이 진여자성의 이치로 보리심을 성취하여 훌륭한 대장부가 되며, 모든 경계에 장애가 없이 지혜 성품에 들어간다. 생사를 초월하여 세간에 태어나는 법을 멀리 여의었지마는 중생 교화를 위해서 일부러 태어난다. 신통과 변화와 방편으로 중생들을 조복하는 이 모든

것이 능숙하고 교묘한 선고善巧 아닌 것이 없다.

(10) 장애 없는 곳에 이르다

功德解欲이 **悉皆清淨**하야 **最極微妙**하야 **具足圓滿**하며 **智慧廣大**가 **猶如虛空**하야 **善能觀察衆聖境界**하며

"공덕과 지혜와 욕망이 모두 청정하고 가장 미묘하여 구족히 원만하였으며, 지혜가 넓고 커서 허공과 같으므로 여러 성인들의 경계를 잘 관찰하느니라."

걸림 없는 삼매에 머문 보살은 진여자성이며 제법실상의 이 법에 대하여 공덕과 지혜와 욕망이 모두 청정하고, 가장 미묘하여 구족히 원만하였다. 또 지혜가 넓고 커서 허공과 같으므로 여러 성인들의 경계를 잘 관찰한다.

신행원력   견고부동   공덕무진   세소
信行願力이 **堅固不動**하야 **功德無盡**하야 **世所**

칭탄
稱歎이며

"믿는 행行과 서원의 힘이 견고하여 흔들리지 않으며, 공덕이 그지없어 세상이 칭찬하는 바이니라."

이 또한 걸림 없는 삼매에 머문 보살의 진여자성에 대한 믿는 행과 서원의 힘이 견고하여 움직이지 않는 공덕이 다함이 없음이다.

어일체불소관지장   대보리처   일체지해
於一切佛所觀之藏과 **大菩提處**와 **一切智海**에

집중묘보   위대지자   유여연화   자성청정
集衆妙寶하야 **爲大智者**가 **猶如蓮華**의 **自性淸淨**

중생견자   개생환희   함득이익
하야 **衆生見者**가 **皆生歡喜**하야 **咸得利益**하며

"일체 부처님이 관찰하는 법장法藏과 큰 보리菩提의 장소인 일체 지혜의 바다에서 여러 가지 묘한 보배를 모

아 큰 지혜 있는 이가 되었으니, 마치 연꽃의 자체 성품이 청정함과 같아서 중생들이 보기만 하면 모두 환희하여 이익을 얻느니라."

걸림 없는 삼매에 머문 보살을 큰 지혜 있는 이라고 하였다. 비유하기를 마치 연꽃이 자체가 아름답고 청정하여 모두 좋아하듯이 이 지혜 있는 이를 보는 사람들은 모두 다 환희하여 이익을 얻는다고 하였다.

지 광 보 조　　　견 무 량 불　　　정 일 체 법
智光普照하야 **見無量佛**하고 **淨一切法**하나리

"지혜의 빛으로 널리 비추어 한량없는 부처님을 친견하고 모든 법을 깨끗이 하느니라."

걸림 없는 삼매에 머문 보살의 공덕과 지혜를 거듭거듭 밝혔다. 이 보살은 지혜의 광명을 널리 비추어 한량없는 부처님을 친견한다. 부처님을 오직 지혜의 광명으로 친견한다. 육안으로 어떤 형상을 보고 부처님으로 이해하는 것이

아니다. 지혜의 광명으로 부처님을 친견할 때 일체 법은 청정하다.

(11) 깨달은 지혜는 허공과 같다

所行寂靜_{하야} **於諸佛法**_에 **究竟無礙**_{하며}
<small>소행적정   어제불법   구경무애</small>

"행하는 일이 고요하여 모든 부처님 법에 끝까지 장애가 없느니라."

걸림 없는 삼매에 머문 보살이 행하는 일이란 중생을 교화하고 조복하는 일이다. 아무리 교화하고 조복하더라도 교화하고 조복하는 바가 없으므로 모든 불법의 원칙에서 끝까지 어긋나지 않아서 장애가 없다. 그래서 깨달은 지혜는 허공과 같다고 하였다.

恒以方便_{으로} **住佛菩提功德行中**_{하야} **而得出**
<small>항이방편   주불보리공덕행중   이득출</small>

生하야 具菩薩智하고 爲菩薩首하며

"항상 방편으로 부처님의 보리와 공덕의 행行에 머물러서 태어나게 되며, 보살의 지혜를 갖추고 보살의 우두머리가 되느니라."

이 삼매에 머문 보살은 항상 방편으로 부처님의 보리와 공덕의 행에 머물러 태어남을 얻는다. 그러므로 보살의 지혜를 구족하여 보살 중에서 상수가 된다.

一切諸佛의 共所護念으로 得佛威神하고 成佛法身하며

"일체 모든 부처님들의 함께 호념護念함이 되어 부처님의 위신력을 얻고 부처님의 법신法身을 이루느니라."

또 걸림 없는 삼매에 머문 보살은 모든 부처님들의 함께 호념하는 바가 되어 부처님의 위신력을 얻고 부처님의 법신을 이룬다.

염력난사 어경일연 이무소연
念力難思하야 **於境一緣**호대 **而無所緣**하며

"생각하는 힘이 헤아릴 수 없어서 경계를 한결같이 반연하되 반연할 것이 없느니라."

삼매가 이뤄지지 않은 사람은 경계를 반연하면 반연하는 데에 집착하지만 걸림 없는 삼매에 머문 보살은 경계를 한결같이 반연하되 반연하는 바가 없다. 이것은 보살의 생각하는 힘이 불가사의하기 때문이다.

기행광대 무상무애 등우법계 무량무변
其行廣大하야 **無相無礙**하며 **等于法界**하야 **無量無邊**하며

"그 행하는 일이 광대하여 형상도 없고 장애도 없으며, 법계와 같아서 한량없고 그지없느니라."

또 걸림 없는 삼매에 머문 보살은 그가 행하는 일이 넓고 커서 일정한 형상이 없다. 형상이 없으므로 걸림이 없다. 그래서 우주법계와 동등하여 한량없고 그지없다.

所證菩提_가 猶如虛空_{하야} 無有邊際_{하고} 無所縛着_{하니라}
(소증보리   유여허공   무유변제   무소박착)

"증득한 바의 보리는 마치 허공과 같아서 끝닿은 데가 없고 속박도 없느니라."

또 이 보살이 증득한 바의 깨달음은 마치 허공과 같아서 그 끝닿은 데가 없다. 끝닿은 데가 없으므로 속박이 있을 수 없다.

(12) 행하는 바가 걸림이 없다

於諸世間에 普作饒益호대 一切智海善根所流로
悉能通達無量境界하야 已善成就淸淨施法하며

"모든 세간에서 이익을 두루 지으며, 일체 지혜의 바다는 착한 뿌리에서 흐르는 것이므로 한량없는 경계를 다 통달하고 청정하게 보시하는 법을 이미 잘 성취하였느니라."

걸림 없는 삼매에 머문 보살의 공덕을 계속해서 밝혀 나간다. 이 보살은 모든 세간에서 이익을 두루 지으며, 일체 지혜의 바다는 착한 뿌리에서 흐르는 것이므로 한량없는 경계를 다 통달하고 청정하게 보시하는 법을 이미 잘 성취하였다.

住菩薩心하고 淨菩薩種하야 能隨順生諸佛菩

提하며 **於諸佛法**에 **皆得善巧**하야 **具微妙行**하고 **成
堅固力**하니라

"보살의 마음에 머물러 보살의 종성을 깨끗이 하고, 능히 모든 부처님의 보리를 따라서 내며, 모든 부처님의 법에 다 교묘함을 얻고, 미묘한 행을 갖추어 견고한 힘을 이루느니라."

보살의 마음에 머문 이는 곧 보살이다. 그러므로 보살의 종성을 청정하게 해서 모든 부처님의 보리를 따르는 등 그 공덕이 불가사의하다.

(13) 둘이 아닌 문[不二門]에 들다

一切諸佛의 **自在威神**을 **衆生**이 **難聞**이어늘 **菩薩**이 **悉知**하며 **入不二門**하고 **住無相法**하야

"일체 모든 부처님의 자재하신 위엄과 신력을 중생은 듣기 어려우나 보살은 모두 알며, 둘이 아닌 문에 들어가 형상 없는 법에 머무느니라."

큰 사찰에는 반드시 둘이 아닌 문, 즉 불이문不二門이 있다. 현상은 천만 가지로 차별하나 그 본성은 평등하여 둘이 아닌 이치를 깨달아 앎으로 비로소 진정한 불법에 입문한다는 의미이다. 그러므로 불교를 안다는 것은 곧 둘이 아닌 이치를 안다는 뜻이다.

수 부 영 사 일 체 제 상   이 능 광 설 종 종 제 법
雖復永捨一切諸相이나 **而能廣說種種諸法**하며

수 제 중 생   심 락 욕 해   실 사 조 복   함 령 환 희
隨諸衆生의 **心樂欲解**하야 **悉使調伏**하야 **咸令歡喜**
하니라

"비록 일체 모든 모양을 아주 버렸으나 갖가지 법을 능히 연설하며, 모든 중생들의 좋아하는 마음과 욕망과 이해를 따라서 다 조복하여 기쁘게 하느니라."

보살이 걸림 없는 삼매에 머물러 모든 모양을 아주 떠났으나 그러나 다시 갖가지 법을 능히 연설한다. 일체 모양을 떠나지 아니하면 갖가지 차별한 것을 제대로 설할 수 없다. 또 모든 중생들의 마음에 즐겨하는 바와 욕망과 이해를 따라서 모두 조복하여 그들을 다 환희하게 한다. 큰 삼매에 머문 보살의 공덕의 힘은 이와 같다.

(14) 삼세三世를 널리 보다

法界爲身하야 無有分別하며 智慧境界를 不可窮盡이며 志常勇猛하고 心恒平等하며 見一切佛의 功德邊際하며 了一切劫의 差別次第하나라

"법계法界로 몸이 되어 분별이 없으며, 지혜의 경계를 다할 수 없으며, 뜻은 항상 용맹하고 마음은 항상 평등하여 일체 모든 부처님 공덕의 끝을 보며, 일체 겁劫의 차별과 차례를 아느니라."

걸림 없는 삼매에 머문 보살은 법계가 그대로 자신의 몸이다. 그래서 '어느 것이 몸이다, 몸이 아니다.'라고 하는 분별이 없다. 지혜의 경계도 그 끝이 없으며 뜻은 항상 용맹하고 마음은 항상 평등하다. 모든 부처님 공덕의 끝을 다 보며, 일체 겁의 차별과 차례를 다 안다.

(15) 몸이 항상 일체 국토에 충만하다

開示一切法하며 安住一切刹하며 嚴淨一切諸佛國土하며 顯現一切正法光明하며 演去來今一切佛法하며 示諸菩薩所住之處하며 爲世明燈하야 生諸善根하며 永離世間하고 常生佛所하나라

"일체 법을 열어 보이며, 일체 세계에 편안히 머물러 있어 일체 모든 부처님 국토를 청정하게 장엄하며, 일체 바른 법의 광명을 나타내어 과거 미래 현재의 일체 부처님 법을 연설하며, 모든 보살의 머물러 있는 곳을

보이며, 세상의 밝은 등불이 되어 모든 선근을 내며, 세간을 영원히 떠나서 항상 부처님께서 계신 데에 태어나느니라."

보살이 걸림 없는 삼매에 머문 공덕은 한도 없고 끝도 없다. 일체 법을 열어 보이며, 일체 세계에 편안히 머물러 일체 국토를 청정하게 장엄하며, 일체 바른 법의 광명을 나타내어 과거 미래 현재의 일체 부처님 법을 널리 연설한다. 삼매의 힘은 이와 같다.

(16) 지혜가 항상 밝다

득불지혜   명료제일   일체제불   개공
得佛智慧하야 **明了第一**이며 **一切諸佛**이 **皆共**

섭수   이입미래제불지수
攝受하며 **已入未來諸佛之數**하며

"깨달음[佛]의 지혜를 얻었으므로 분명히 앎이 제일이며, 일체 모든 부처님이 함께 거둬 주시므로 이미 오는 세상의 부처님 수數에 들어가느니라."

부처님이 깨달으신 그 지혜를 얻어 밝기가 제일이다. 그래서 모든 부처님이 함께 거둬 주신다. 그로 인하여 미래의 부처님 숫자에 이미 들어갔다. 즉 본각本覺과 시각始覺이 모두 다 원만하다. 삼매의 힘은 이와 같다.

從諸善友하야 而得出生하며 所有志求를 皆無不果하며 具大威德하야 住增上意하며
(종제선우 이득출생 소유지구 개무불과 구대위덕 주증상의)

"모든 선지식을 따라 태어나서 구하는 일을 성취[果]하지 못함이 없으며, 큰 위덕을 갖추고 더욱 앞으로 나아가려는 뜻에 머무느니라."

모든 선지식을 따라 태어나는 일이야말로 사람이 세상에 태어날 때 가장 중요한 조건을 갖추는 일이다. 몸이 건강하고 의식주에 부족함이 없이 세상에 태어나더라도 사람을 성숙하게 하는 선지식의 가르침을 만나지 못한다면 불행한 일이다.

隨所聽聞하야 咸能善說하며 亦爲開示聞法善根하야 住實際輪하며

"한번 들은 것을 모두 잘 설하며, 또한 법을 들을 수 있는 선근을 열어 보이기 위하여 진실한 법륜法輪에 머무느니라."

훌륭한 법문을 읽었거나 들었다면 그것을 다시 다른 사람에게 설하여 널리 전하는 것은 참으로 중요하다. 부처님의 가르침이 2천6백여 년을 지나 오늘에 이른 것도 세월을 거듭하면서 다시 설하고 또다시 설하는 일이 있었기 때문이다. 법을 설하여 다시 듣게 하는 선근보다 훌륭한 선근 회향은 없을 것이다.

於一切法에 心無障礙하며 不捨諸行하고 離諸分別하니라

"일체 법에 마음이 장애가 없어 모든 행行을 버리지 않고 모든 분별을 여의느니라."

모든 행을 버리지 않고 다 행하면서 일체 분별심을 떠날 수 있는 것은 일체 법에 마음이 장애가 없기 때문이다. 걸림이 없는 삼매에 머문 보살은 일체 법에 그 마음이 장애가 없다.

(17) 삼업三業이 끝이 없음을 얻다

於一切法에 心無動念하며 得智慧明하야 滅諸癡闇하며 悉能明照一切佛法하며

"일체 법에 대하여 마음이 움직이지 않으며, 지혜의 광명을 얻어 모든 어리석음을 소멸하며, 일체 불법을 밝게 비추느니라."

일체 차별 현상의 법들은 천변만화하므로 마음이 그 변화

를 따라 움직이지만 삼매에 머문 보살은 마음이 움직이지 않고 지혜가 밝으므로 일체 어리석음이 드러나지 않는다. 만약 차별 현상에 따라 마음이 움직이기 시작하면 캄캄하여 어리석음이 작용한다. 그러므로 일체 불법을 밝게 비출 수 없다.

不壞諸有_{하고} 而生其中_{하며} 了知一切諸有境
界_가 從本已來_로 無有動作_{하야} 身語意業_이 皆悉
無邊_{하니라}

(불괴제유 이생기중 요지일체제유경계 종본이래 무유동작 신어의업 개실무변)

"모든 존재를 파괴하지 않고 그 가운데 태어나서 일체 모든 존재의 경계가 본래부터 움직이지 않음을 분명히 알아서 몸과 말과 뜻으로 짓는 업이 모두 끝이 없느니라."

삼매에 머문 보살은 모든 존재를 부정하지 않고 그대로 수용하며 그 속에서 생사를 반복한다. 그러면서 일체 존재의 경계가 본래로 움직이지 않는 이치를 분명하게 알아서 몸과 말과 뜻의 업을 끝없이 펼치며 중생들을 교화한다.

(18) 여래의 평등한 해탈을 구족하다

雖隨世俗하야 **演說種種無量文字**나 **而恒不壞**
離文字法하며
(수수세속   연설종종무량문자   이항불괴
 리문자법)

"비록 세속을 따라서 여러 가지 한량없는 문자를 연설하지마는 문자를 떠난 법을 깨뜨리지 아니하느니라."

진리는 본래로 언어와 문자를 초월한 경지이다. 언어와 문자를 초월한 진리를 조금도 손상시키지 않으면서 세속의 사정을 따라서 가지가지 한량없는 언어와 문자를 연설하여 진리를 드러낸다. 세존이 48년간 법을 설하셨으나 설함이 없는 법은 본래 그대로이다.

| 심입불해 | 지일체법 | 단유가명 | 어제 |

深入佛海하야 **知一切法**이 **但有假名**하야 **於諸**

경계　무계무착
境界에 **無繫無着**하며

"부처님 바다에 깊이 들어가서 모든 법이 다만 거짓 이름뿐임을 알아 모든 경계에 속박되지 않고 집착하지도 않느니라."

'부처님 바다'란 깨달음의 바다다. 삼매에 머문 보살은 이 깨달음의 바다에 깊이 들어가서 일체 법이 다만 거짓 이름이라는 것을 안다. 그러므로 모든 경계에 속박되지 않으며 집착도 없다. 모든 경계에 속박되지 않는 것은 곧 해탈이다.

요일체법　공무소유　　소수제행　종법계생
了一切法의 **空無所有**하야 **所修諸行**이 **從法界生**

하며

"일체 법이 공하여 있는 것이 아님을 알아서 닦는 모든 행이 법계로부터 나느니라."

일체 법이 다만 거짓 이름이라는 것은 곧 일체 법이 공하여 있는 것이 아니라는 뜻이다. 그래서 닦는 행이 법계로부터 난다는 것은 닦음이 없이 닦으며 닦되 닦음이 없는 이치이다.

猶如虛空이 無相無形하야 深入法界하며 隨順演說하야 於一境門에 生一切智하며

"마치 허공이 형상이 없어서 법계에 깊이 들어가는 것과 같이, 따라서 연설하여 한 경계에서 일체 지혜를 내느니라."

허공은 아무리 작고 견고한 물질이라도 그 속에 다 들어가 있다. 바위 속에도 있고 물속에도 있고 사람의 몸속에도 있다. 아무리 먼 우주법계라 하더라도 역시 다 있는 것이 허공이다. 삼매에 머문 보살은 이 허공과 같이 수순하여 법을 연설한다.

관 십 력 지　　이 지 수 학　　지 위 교 량　　지 살
觀十力地하야 **以智修學**하고 **智爲橋梁**하야 **至薩**

바야　　이 지 혜 안　　견 법 무 애　　선 입 제 지
婆若하며 **以智慧眼**으로 **見法無礙**하야 **善入諸地**하며

"열 가지 힘의 경지를 관찰하고 지혜로 닦아 배우며, 지혜로 다리를 삼고 일체 지혜[薩婆若]에 이르며, 지혜의 눈으로 법을 보기를 장애 없이 하고, 모든 지위에 잘 들어가느니라."

열 가지 힘의 경지[十力地]란 부처님의 경지이다. 삼매에 머문 보살은 부처님의 경지를 관찰하여 지혜로써 닦아 배우며 지혜로 다리를 삼아 다시 일체 지혜에 이른다. 또 지혜의 눈으로 일체 법을 보는 데 걸림이 없다.

지 종 종 의　　일 일 법 문　　실 득 명 료　　소 유 대
知種種義하야 **一一法門**에 **悉得明了**하며 **所有大**

원　미 불 성 취
願을 **靡不成就**니라

"가지가지 이치를 알고 낱낱 법문을 모두 분명히 알

며, 가진 바 큰 서원을 이루지 못함이 없느니라."

삼매에 머문 보살은 가지가지 이치를 다 알고 낱낱 법문을 남김없이 모두 분명히 알며, 자신이 세운 보살의 일체 큰 서원을 이루지 못함이 없다.

(19) 덕德의 수승함을 나타내다

佛_불子_자야 菩_보薩_살摩_마訶_하薩_살이 以_이此_차開_개示_시一_일切_체如_여來_래無_무差_차別_별性_성하나니 此_차是_시無_무礙_애方_방便_편之_지門_문이며 此_차能_능出_출生_생菩_보薩_살衆_중會_회며 此_차法_법이 唯_유是_시三_삼昧_매境_경界_계며 此_차能_능勇_용進_진入_입薩_살婆_바若_야며 此_차能_능開_개顯_현諸_제三_삼昧_매門_문이며

"불자여, 보살마하살이 이것으로 모든 여래의 차별이 없는 성품을 열어 보이나니 이것이 걸림 없는 방편문이며, 이것이 보살 대중을 능히 내며, 이 법이 오직 삼매

의 경계이며, 이것으로 능히 일체 지혜에 용맹하게 들어가며, 이것으로 능히 모든 삼매문을 열어 나타내느니라."

걸림 없는 삼매에 머문 보살의 덕의 수승함을 나타내는 내용이다. 이 삼매로 모든 여래의 차별이 없는 성품을 열어 보인다. 또 이것은 걸림 없는 방편문이라서 능히 보살 대중을 출생한다. 또 이것으로 능히 일체 지혜에 용맹하게 들어간다.

차능무애보입제찰
此能無礙普入諸刹이며
차능조복일체중생
此能調伏一切衆生이며
차능주어무중생제
此能住於無衆生際며
차능개시일체불법
此能開示一切佛法이며
차
此
어경계
於境界에
개무소득
皆無所得이라

"이것으로 능히 장애가 없어서 모든 세계에 널리 들어가며, 이것으로 일체 중생을 능히 조복하며, 이것으로 중생이 없는 경계에 능히 머물며, 이것으로 일체 불법을 능히 열어 보이며, 이것이 경계에 대하여 조금도 얻음이 없느니라."

보살이 모든 세계에 다 들어가려면 장애가 없어야 한다. 장애가 없으므로 일체 중생을 능히 조복하며, 중생이 없는 경계에 능히 머물며, 일체 불법을 능히 열어 보인다. 이와 같이 삼매의 힘으로 모든 수행과 모든 불사에서 한쪽으로 치우치지 않는 중도적 견해를 나타내 보이는 내용들을 길게 설명한다.

수 일 체 시   연 설 개 시   이 항 원 리 망 상 분 별
雖一切時에 **演說開示**나 **而恒遠離妄想分別**하며

"비록 온갖 시기를 연설하여 열어 보이지마는 허망하게 분별함을 항상 멀리 여의느니라."

불교에서는 시간에 대해서 과거와 미래와 현재 등 삼세를 설하며 다시 삼세마다 각각 삼세가 있어서 구세九世를 설하고 현전의 일념을 더하여 십세十世를 설한다. 그러나 망령

된 생각으로 분별함을 멀리 떠나 있다. 이것이 시간에 대한 중도적 관점이다.

雖知諸法이 皆無所作이나 而能示現一切作業하며

"비록 모든 법이 지을 것이 없는 줄을 알지마는 모든 짓는 업을 능히 나타내 보이느니라."

모든 법은 본래로 움직이지 않고 고요하여 지을 것이 없다. 그와 같은 법의 본성을 잘 알지만 온갖 업을 치성하게 짓는 것을 나타내 보인다. 이것이 업을 짓는 것의 중도법이다.

雖知諸佛이 無有二相이나 而能顯示一切諸佛하며

"비록 모든 부처님이 두 모양이 없음을 알지마는 일체 모든 부처님을 능히 나타내 보이느니라."

부처님에 대한 중도적 관점이다. 부처님은 두 가지 모양이 없다. 하나이면서 전체다. 하나이면서 전체이기에 어떤 모습을 나타내 보일 수 없다. 그러나 세상에서 부처님의 모습처럼 여러 가지로 그 형상을 나타내 보이는 것도 없을 것이다. 일천불과 일만불과 무량 아승지 부처님을 나타내 보이는 것이 또한 부처님의 모습이다. 그러나 부처님은 본래로 두 가지 모양이 없음을 알아야 한다.

雖知無色이나 而演說諸色하며 雖知無受나 而演說諸受하며 雖知無想이나 而演說諸想하며 雖知無行이나 而演說諸行하며 雖知無識이나 而演說諸識하야 恒以法輪으로 開示一切하나니라

"비록 물질[色]이 없는 줄 알지마는 여러 가지 물질을 연설하며, 비록 느낌이 없는 줄 알지마는 여러 가지

느낌을 연설하며, 비록 생각이 없는 줄 알지마는 여러 가지 생각을 연설하며, 비록 지어 감[行]이 없는 줄 알지마는 모든 지어 감을 연설하며, 비록 의식이 없는 줄 알지마는 여러 가지 의식을 연설하여 항상 법륜으로써 모든 이에게 열어 보이느니라."

사람을 형성하고 있는 다섯 가지 쌓임이다. 이 다섯 가지 쌓임도 근본 자체의 성품이 없다. 그래서 반야심경에서도 무색無色이며 무수상행식無受想行識이라고 하였다. 그와 같이 오온이 본래 없는 줄을 잘 알지만 오온에 대해서 얼마나 많은 설법을 하는가. 어떤 불교는 이 오온에 대한 설법이 불교의 전부인 양 설하고 있다. 부디 본래로 오온이 없는 줄 알고 오온을 설해야 할 것이다.

수 지 법 무 생　　이 상 전 법 륜
雖知法無生이나 **而常轉法輪**하며

"비록 법이 생겨남이 없음을 알지마는 항상 법륜을 굴리느니라."

만약 법이 생겨남이 없다면 무엇을 설할 것인가. 그러나 그 생겨남이 없는 법으로 항상 법륜을 굴린다. 또 항상 법륜을 굴리더라도 법은 본래로 생겨남이 없는 줄을 알아야 한다. 중도의 이치는 언제나 모순을 융화해서 조화를 이룬다. 일체 존재의 존재 원리가 그와 같이 구성되어 있기 때문이다.

_{수 지 법 무 차 별}　　_{이 설 제 차 별 문}
雖知法無差別이나 **而說諸差別門**하며

"비록 법이 차별이 없음을 알지마는 모든 차별한 문을 설하느니라."

모든 법의 본성은 본래로 차별이 없다. 그 사실을 잘 알면서 또한 차별한 것을 설한다. 눈으로 보고 귀로 듣는 현상은 차별이 한량이 없다. 그러나 그 본성은 차별이 없다. 일체 지혜란 차별한 현상과 차별이 없는 본질을 모두 꿰뚫어 아는 지혜이다.

수지제법　무유생멸　　이설일체생멸지상
雖知諸法이 **無有生滅**이나 **而說一切生滅之相**하며

"비록 모든 법이 생멸 없음을 알지마는 모든 생멸하는 모양을 설하느니라."

앞에서의 차별과 같이 생멸도 또한 그러하다. 제법은 본래 불생불멸이다. 그 불생불멸에서 다시 무수한 생멸을 나누어 설한다. 이 두 가지 면을 치우치지 않고 다 같이 수용하는 것이 중도적 바른 견해이다.

수지제법　무추무세　　이설제법추세지상
雖知諸法이 **無麤無細**나 **而說諸法麤細之相**하며

"비록 모든 법이 크고 작음이 없음을 알지마는 모든 법의 크고 작은 모양을 설하느니라."

일체 제법의 모든 현상은 크고 작고 차별하지만 그 본성은 본래로 크고 작음이 없다. 그 사실을 잘 알면서 모든 법의 크고 작은 차별한 현상에 대해서 잘 설한다.

수 지 제 법　　무 상 중 하　　이 능 선 설 최 상 지 법
雖知諸法이 **無上中下**나 **而能宣說最上之法**하며

"비록 모든 법이 상중하가 없음을 알지마는 가장 높은 법을 설하느니라."

모든 법의 크고 작음과 같이 상중하 역시 본래 없다. 그 사실을 잘 알면서 능히 가장 높은 법만을 설한다. 소승법과 대승법에 대해서도 그와 같다.

수 지 제 법　　불 가 언 설　　이 능 연 설 청 정 언 사
雖知諸法이 **不可言說**이나 **而能演說淸淨言辭**하며

"비록 모든 법이 설할 수 없음을 알지마는 청정한 말로 연설하느니라."

모든 법의 실상은 설할 수 없는 경지이다. 그와 같은 이치를 잘 알면서 훌륭하고 청정한 말로 잘 연설한다. 이 또한 중도정견의 견해이다.

수 지 제 법   무 내 무 외   이 설 일 체 내 외 제 법
雖知諸法이 **無內無外**나 **而說一切內外諸法**하며

"비록 모든 법이 안팎이 없음을 알지마는 일체 안의 법과 밖의 법을 설하느니라."

모든 법이 상중하가 없는 것이나 안팎이 없는 것이나 같은 의미이다. 눈에 보이고 귀에 들리는 현상은 모두 안팎이 있고 상중하가 있으나 그 본질은 상중하와 안팎을 초월하였다. 그 사실을 잘 알지만 일체 안팎과 상중하를 잘 설한다. 그것이 일체 존재를 중도적으로 보는 견해이다.

수 지 제 법   불 가 요 지   이 설 종 종 지 혜 관 찰
雖知諸法이 **不可了知**나 **而說種種智慧觀察**하며

"비록 모든 법이 알 수 없음을 알지마는 가지가지 지혜로 관찰함을 설하느니라."

모든 법은 궁극적으로 알 수 없는 존재이다. 그러한 사실을 잘 알지만 가지가지 지혜로 관찰하여 잘 설한다.

雖知諸法이 無有眞實이나 而說出離眞實之道하며
_{수지제법   무유진실   이설출리진실지도}

"비록 모든 법이 진실함이 없음을 알지마는 벗어나는 진실한 길을 설하느니라."

산하대지와 삼라만상과 생로병사 등 일체 법은 진실함이 없고 모두가 거짓이다. 그러한 사실을 잘 알아서 그 모든 법에서 벗어나는 진실한 도를 잘 설하는 이가 곧 삼매에 머문 보살이다. 즉 삼매에 머문다는 것은 일체 법의 중도성中道性을 잘 아는 일이다.

雖知諸法이 畢竟無盡이나 而能演說盡諸有漏하며
_{수지제법   필경무진   이능연설진제유루}

"비록 모든 법이 필경에 다함이 없음을 알지마는 모든 번뇌[有漏]를 끝낼 것을 연설하느니라."

"번뇌가 다함이 없지만 그 다함이 없는 번뇌를 맹세코 끊으리다."라는 서원이 있다. 번뇌와 같이 모든 법도 필경에 다함이 없음을 알지마는 모든 번뇌[有漏]를 끝낼 것을 연설한다. 이것이 번뇌에 대한 중도적 관점이다.

수지제법　　무위무쟁　　연역불무자타차별
雖知諸法이 **無違無諍**이나 **然亦不無自他差別**하며

"비록 모든 법이 어길 것도 없고 다툴 것도 없음을 알지마는 그러나 또한 나와 남의 차별이 없지 않으니라."

나와 남의 차별을 인식하고 분별하면 서로 어기고 다투게 된다. 나와 남이 서로 다르다는 것을 분별하더라도 다르기만 할 뿐 서로가 틀린 것이 아니라고 알면 그 다른 것은 상관이 없다. 그러나 나는 옳고 남은 틀리다고 생각하니 투쟁이 생기는 것이다. 실로 모든 법은 차별은 있어도 서로 어기고 다툴 것은 없다.

수지제법　　필경무사　　이상존경일체사장
雖知諸法이 **畢竟無師**나 **而常尊敬一切師長**하며

"비록 모든 법이 필경에 스승이 없음을 알지마는 모든 스승을 항상 존경하느니라."

모든 법은 본래로 그 가치가 동등하다. 높고 낮음이 없다. 그러므로 스승이니 제자니 할 것도 없다. 그러나 그 없는 가운데서 또한 분명히 있으므로 모든 스승을 항상 존경해야 한다. 깊이 생각해 보면 사람은 물론이고 일체 만물 가운데 나의 스승 아닌 것이 없다. 그러므로 모든 사람과 천지만물을 스승으로 존경해야 한다.

_{수지제법} _{불유타오} _{이상존경제선지식}
雖知諸法이 **不由他悟**나 **而常尊敬諸善知識**하며

"비록 모든 법이 다른 이를 말미암아 깨닫는 것이 아님을 알지마는 모든 선지식을 항상 존경하느니라."

화엄경에서는 다른 이를 말미암아 깨닫는 것이 아니라 궁극에는 다른 이를 말미암지 않고 스스로 깨닫는다는 이치를 곳곳에서 설하고 있다. 깨닫는 것이나 아는 것이나 실은

스스로 깨닫고 아는 것이다. 그와 같은 이치를 잘 알지만 모든 선지식을 항상 존경한다. 삼매에 머문 보살은 이와 같이 바른 견해를 지닌다.

      수 지 법 무 전   이 전 법 륜
雖知法無轉이나 **而轉法輪**하며

"비록 법을 굴릴 것이 없음을 알지마는 법륜을 굴리느니라."

법륜은 본래 굴릴 것이 없다. 무엇이 법의 바퀴인가. 바퀴라고 할 확실한 무엇이 있어야 굴릴 것이지만 법에는 바퀴가 없으므로 굴릴 것이 없다. 모든 법을 그와 같이 알고 쉼 없이 항상 굴려야 하는 것이 또한 법륜이다.

      수 지 법 무 기   이 시 제 인 연
雖知法無起나 **而示諸因緣**하며

"비록 법은 일어남이 없음을 알지마는 모든 인연을

보이느니라."

모든 법은 본래로 무기無起며 무작無作이며 무원無願이다. 그러나 또한 인연에 의해서 부단히 일어나고 짓고 원하는 것이 있다. 그래서 이 우주는 숱한 변화를 거듭하면서 굴러가는 것이다. 삼라만상은 매 순간 이와 같이 천변만화한다.

수지제법   무유전제   이광설과거   수지
雖知諸法이 無有前際나 而廣說過去하며 雖知

제법   무유후제   이광설미래   수지제법
諸法이 無有後際나 而廣說未來하며 雖知諸法이

무유중제   이광설현재
無有中際나 而廣說現在하며

"비록 모든 법은 앞 시절이 없음을 알지마는 과거를 널리 설하고, 비록 모든 법은 뒤 시절이 없음을 알지마는 미래를 널리 설하고, 비록 모든 법은 중간이 없음을 알지마는 현재를 널리 설하느니라."

한순간이 곧 한량없는 겁이고 한량없는 겁이 곧 한순간이어서 과거도 미래도 현재도 본래 없다. 삼세가 본래 없는 가운데서 또한 과거와 미래와 현재를 널리 설한다. 그뿐만 아니라 구세九世와 십세十世를 설한다.

　　　수 지 제 법　　무 유 작 자　　이 설 제 작 업
　　雖知諸法이 **無有作者**나 **而說諸作業**하며

"비록 모든 법은 지은 이가 없음을 알지마는 모든 업業 지음을 설하느니라."

모든 법은 저절로 그러하다. 저절로 그러하기 때문에 지은 이가 없다. 본래 지은 이가 없음을 잘 알면서 모든 업을 짓는 일에 대해서 널리 설한다.

　　　수 지 제 법　　무 유 인 연　　　이 설 제 집 인
　　雖知諸法이 **無有因緣**이나 **而說諸集因**하며

"비록 모든 법은 인연이 없음을 알지마는 모든 원인

의 모임을 설하느니라."

모든 법의 형상은 일체가 인연으로 된 것이 사실이다. 그러나 그 법의 본성은 인연으로 된 것이 아니다. 비유하자면 물결은 바람이라는 인연에 의해서 크고 작은 물결이 만들어지지만 물의 본성은 언제나 그대로다. 마치 물이 수증기가 되었든 얼음이 되었든 흐르는 물이 되었든 물의 본성은 그대로인 것과 같다.

수지제법　무유등비　이설평등불평등도
雖知諸法이 **無有等比**나 **而說平等不平等道**하며

"비록 모든 법은 평등하여 비교할 것이 없음을 알지마는 평등하고 평등하지 않은 길을 설하느니라."

삼매나 명상을 통해서 모든 법을 꿰뚫어 보면 모든 법은 평등하여 비교할 것이 없다. 모두 그대로 완전하다. 완전한 것은 비교할 것이 없다. 이러한 사실을 깊이 이해하면서 평등과 불평등을 널리 설한다.

수지제법 무유언설   이결정설삼세지법
雖知諸法이 **無有言說**이나 **而決定說三世之法**하며

"비록 모든 법은 말이 없음을 알지마는 결정코 삼세의 법을 설하느니라."

"진리는 말을 떠났다."라고 하였다. "언어가 즉시 도道다."라고도 하였다. 설사 진리는 말을 떠났더라도 과거 미래 현재의 법을 분명하게 말한다. 말을 하든지 말을 하지 않든지 진리는 언제나 아무런 관계가 없다. 만약 말에 좌우된다면 그것은 진리가 아니고 법이 아니다.

수지제법 무유소의   이설의선법   이득
雖知諸法이 **無有所依**나 **而說依善法**하야 **而得
출리
出離**하며

"비록 모든 법은 의지할 데 없음을 알지마는 훌륭한 법을 의지하여 벗어남을 설하느니라."

모든 법은 본래 그 무엇에도 의지함이 없다. 그러나 번뇌를 벗어나고 생사를 벗어나는 것은 훌륭한 법[善法]을 의지하여 이루어지는 일이다. 이것이 모든 법의 중도의 이치이다.

<small>수 지 법 무 신   이 광 설 법 신</small>
雖知法無身이나 **而廣說法身**하며

"비록 법은 몸이 없음을 알지마는 널리 법신을 설하느니라."

부처님의 진실한 몸은 법의 몸[法身]이라고 얼마나 강조하는가. 그러나 실은 법에는 몸이 없다. 법은 몸이 없다는 사실을 잘 알면서 또한 법의 몸을 널리 설한다. 과보의 몸[報身]도 교화의 몸[化身]도 역시 그와 같다. 없음에도 치우치지 않고 있음에도 치우치지 않는다. 이와 같은 견해가 바른 견해이다.

<small>수 지 삼 세 제 불 무 변   이 능 연 설 유 유 일 불</small>
雖知三世諸佛無邊이나 **而能演說唯有一佛**하며

"비록 세 세상 모든 부처님이 그지없음을 알지마는 오직 한 부처님이 있다고 설하느니라."

대승불교 경전에서는 삼세의 한량없는 부처님을 자주 설한다. 그러나 초기불교에서는 오직 석가모니 한 부처님만 설한다. 오직 한 부처님과 삼세 한량없는 부처님은 서로서로 융통자재하다. 한 부처님만 고집할 것도 아니고 삼세 부처님만 고집할 것도 아니다. 다 까닭이 있기 때문이다. 대승불교의 극치인 화엄경에서는 그 어떤 주장도 고집하지 않는다.

수 지 법 무 색   이 현 종 종 색
雖知法無色이나 **而現種種色**하며

"비록 법은 빛깔이 없음을 알지마는 가지각색 빛깔을 나타내느니라."

아무리 천만 가지로 빛깔이 나타나지만 법의 실상에는 가지가지 빛깔이 없다. 빛깔이 없으므로 천 가지 만 가지 빛깔을 나타낸다. 빛깔을 물질이라 하든지 무엇이라 하든지 마찬가지다.

    수 지 법 무 견　　이 광 설 제 견
雖知法無見이나 **而廣說諸見**하며

"비록 법에는 소견이 없음을 알지마는 여러 소견을 널리 설하느니라."

모든 법은 저절로 그러함이다. 무슨 소견이 있겠는가. 그런데 얼마나 많은 소견을 일으켜서 온갖 법을 설하는가. 그렇더라도 법에는 본래 아무런 소견이 없음을 알아야 한다.

    수 지 법 무 상　　이 설 종 종 상
雖知法無相이나 **而說種種相**하며

"비록 법은 형상이 없음을 알지마는 갖가지 형상을 설하느니라."

법은 형상이 있기도 하고 형상이 없기도 하다. 또 형상이 있는 것도 법이고 형상이 없는 것도 법이다. 형상이 없는 법은 없는 것으로 설하고, 형상이 있는 법은 있는 것으로 설한다. 굳이 없다고 말할 것은 아니다.

雖知諸法이 無有境界나 而廣宣說智慧境界하며

"비록 모든 법에는 경계가 없음을 알지마는 지혜의 경계를 널리 설하느니라."

모든 법은 우주법계 전체가 그대로 법이므로 어떤 특별한 경계를 한정지어 말할 수 없다. 그러나 그 모든 법계를 지혜로 가늠하고 이해하므로 지혜의 경계를 널리 설한다.

雖知諸法이 無有差別이나 而說行果種種差別하며

"비록 모든 법은 차별이 없음을 알지마는 수행한 결

과가 갖가지로 차별함을 설하느니라."

모든 법에는 본래 차별이 없지만 사람들이 수행함을 따라 십신과 십주와 십행과 십회향과 십지와 등각과 묘각 등등 수행 결과의 차별을 설한다. 그렇다고 해서 52위가 본래로 고정되어 있는 것도 아니다. 모든 법은 본래로 차별이 없는 원융圓融한 데서 차별이 있는 항포문行布門을 나열한다.

수 지 제 법   무 유 출 리   이 설 청 정 제 출 리 행
雖知諸法이 **無有出離**나 **而說淸淨諸出離行**하며

"비록 모든 법은 벗어날 것이 없음을 알지마는 청정하게 모든 벗어나는 행行을 설하느니라."

무명 번뇌가 곧 부처의 성품이고, 환영과 같은 헛된 몸이 곧 법신이다. 달리 번뇌와 생사를 벗어날 것이 없는 가운데 번뇌와 생사를 벗어나는 수행을 널리 설하는 것이 불교다. 번뇌와 무명을 벗어나는 법을 널리 설한다고 해서 번뇌와 무명이 참으로 존재하는 것은 아니다. 이 이치가 중도적 바른

수행이다.

     수 지 제 법　　본 래 상 주　　이 설 일 체 제 유 전 법
雖知諸法이 **本來常住**나 **而說一切諸流轉法**하며

"비록 모든 법은 본래 항상 머무는 줄을 알지마는 일체 모든 흘러다니는 법을 설하느니라."

모든 법은 천변만화하는 가운데 또한 상주불변하는 것이다. 그러므로 상주불변함을 잘 알지만 모든 것이 흘러다님을 널리 설한다. '제법이 무아'라고 하는 것이나 '제행이 무상'이라고 설하는 것이 곧 그것이다.

     수 지 제 법　　무 유 조 명　　이 항 광 설 조 명 지 법
雖知諸法이 **無有照明**이나 **而恒廣說照明之法**이니라

"비록 모든 법은 비출 것이 없음을 알지마는 비추는 법을 항상 널리 설하느니라."

모든 법은 비출 것이 없음을 알지만 비추는 법을 항상 널리 설한다. 비추는 법을 항상 널리 설한다고 해서 곧 비추는 법이 있는 것은 아니다. 세속적 논리로 보면 이 모든 말씀이 모순된 말이지만 삼매에 머문 보살의 깨어 있는 안목으로 보면 모든 법의 진실을 이와 같이 설하지 않으면 설할 길이 없다. 그러므로 중도中道는 비도非道요 비도非道가 중도中道다.

(20) 모든 법에 증득하여 들어감을 밝히다

佛子야 菩薩摩訶薩이 入如是大威德三昧智輪에 則能證得一切佛法하며 則能趣入一切佛法하며 則能成就하며 則能圓滿하며 則能積集하며 則能淸淨하며 則能安住하며 則能了達하야 與一切法自性相應이니라

"불자여, 보살마하살이 이와 같이 큰 위덕이 있는 삼

매의 지혜바퀴에 들어감에 곧 능히 일체 불법을 증득하고, 곧 능히 일체 불법에 들어가고, 곧 능히 성취하고, 곧 능히 원만하고, 곧 능히 쌓아 모으고, 곧 능히 청정하게 하고, 곧 능히 편안히 머물고, 곧 능히 통달하여 일체 법의 자체 성품과 서로 응하느니라."

보살이 이와 같이 큰 위덕이 있는 삼매의 지혜에 증득하여 들어가면 저절로 곧 일체 불법을 증득하게 된다. 삼매란 그와 같이 일체 불법을 증득하는 것의 근본이 된다. 따라서 일체 불법을 증득하고 곧 일체 불법에 들어가며, 일체 불법을 성취하며, 일체 불법을 원만히 하며, 일체 불법을 쌓아 모으며, 일체 불법을 청정히 하며, 일체 불법에 안주하며, 일체 불법을 통달해서 일체 법의 자체 성품과 상응하여 하나가 된다.

일반적으로 불교를 설명할 때 계戒와 정定과 혜慧라는 삼학三學이 근본이라고 말한다. 계도 중요하지만 선정이 그와 같이 중요함을 십정품은 거듭 밝히고 있다. 그래서 열 가지 선정을 설한 것이다. 선정은 큰 위덕이 있고 그런 위덕이 있는 선정에 들어가면 설명한 바와 같은 일체 불법의 모든 것이 저절로 따르게 되는 것이다.

(21) 증득하여 들어간 상相을 떠나다

而此菩薩摩訶薩이 不作是念호대 有若干諸菩薩과 若干菩薩法과 若干菩薩究竟과 若干幻究竟과 若干化究竟과 若干神通成就와 若干智成就와 若干思惟와 若干證入과 若干趣向과 若干境界라하나니라

"그러나 이 보살마하살은 얼마의 보살과, 얼마의 보살법과, 얼마의 보살의 구경과, 얼마의 환술의 구경과, 얼마의 변화의 구경과, 얼마의 신통을 성취함과, 얼마의 지혜를 성취함과, 얼마의 생각함과, 얼마의 증득하여 들어감과, 얼마의 나아감과, 얼마의 경계가 있다고 생각하지 않느니라."

보살이 큰 위덕이 있는 삼매의 지혜에 증득하여 들어가면 저절로 곧 일체 불법을 증득하게 되고 뒤따라 일체 불법의 모든 것이 저절로 성취됨을 설하였다. 이어서 큰 위덕이 있는 삼매에 들어가되 들어간 상을 떠났으므로 이 보살은 얼마의 보살과, 얼마의 보살법과, 얼마의 보살의 구경과, 얼마의 환술의 구경 등이 있다는 것을 생각하지 않음을 밝힌 것이다. 즉 상相을 떠난 것이다. 만약 불법을 성취하되 성취했다는 상이 남아 있으면 그것은 아직 완벽한 불법을 성취한 것은 아니다. 아래에 그 까닭을 밝혔다.

何以故오 菩薩三昧가 如是體性이며 如是無邊이며 如是殊勝故며 此三昧가 種種境界며 種種威力이며 種種深入이니

"왜냐하면 보살의 삼매는 이와 같은 자체 성품이며, 이와 같이 그지없고 이와 같이 수승한 까닭이며, 이 삼

매는 갖가지 경계에 갖가지 위엄과 힘으로써 갖가지로 깊이 들어가느니라."

보살이 큰 위덕이 있는 삼매에 들어가되 들어간 상을 떠난 것을 밝히고 또 상을 떠난 까닭을 밝혔다. 보살이 증득한 삼매는 자체 성품이 본래 이와 같기 때문이다. 또 이와 같이 그지없으며 이와 같이 수승하기 때문이다. 또 이 삼매는 갖가지 경계에 갖가지 위엄과 힘으로써 갖가지로 깊이 들어가게 됨을 아래에 널리 밝히고 있다.

소위입불가설지문   입이분별제장엄
所謂入不可說智門하며 **入離分別諸莊嚴**하며

입무변수승바라밀   입무수선정   입백천억
入無邊殊勝波羅蜜하며 **入無數禪定**하며 **入百千億**

나유타불가설광대지
那由他不可說廣大智하며

"이른바 말할 수 없는 지혜의 문에 들어가고, 분별을 여읜 모든 장엄에 들어가고, 그지없이 훌륭한 바라밀다

에 들어가고, 수없는 선정에 들어가고, 백천억 나유타 말할 수 없이 광대한 지혜에 들어가고,

入見無邊佛勝妙藏하며 入於境界不休息하며 入淸淨信解助道法하며 入諸根猛利大神通하며 入於境界心無礙하며

그지없이 부처님을 보는 미묘한 곳집에 들어가고, 모든 경계에 쉬지 않는 데 들어가고, 청정하게 믿고 아는 도道를 돕는 법에 들어가고, 모든 감관이 영리한 큰 신통에 들어가고, 경계에 대하여 마음이 걸림이 없는 데 들어가고,

入見一切佛平等眼하며 入積集普賢勝志行하며

入住那羅延妙智身_{하며} 入說如來智慧海_{하며} 入起
無量種自在神變_{하며}

　모든 부처님의 평등함을 보는 눈에 들어가고, 보현의 훌륭한 뜻과 행을 모으는 데 들어가고, 나라연의 묘한 지혜의 몸에 머무는 데 들어가고, 여래의 지혜 바다를 말하는 데 들어가고, 한량없이 자유자재한 신통변화를 일으키는 데 들어가느니라."

　보살이 큰 위덕이 있는 삼매에 머물고는 모든 법에 증득하여 들어가되 들어가는 상을 떠났음을 밝히고, 다시 이 삼매는 갖가지 경계에 갖가지 위엄과 힘으로써 갖가지로 깊이 들어감을 낱낱이 밝혔다. 위덕이 있는 큰 삼매에 머물면 어떤 법이든 어떤 경지든 어떤 불사든 들어가지 못할 것이 없다.

入生一切佛無盡智門_{하며} 入住一切佛現前境

界하며 入淨普賢菩薩自在智하며 入開示無比普門
智하며 入普知法界一切微細境界하며

"모든 부처님의 다함이 없는 지혜를 내는 데 들어가고, 모든 부처님이 앞에 나타나는 경계에 머무는 데 들어가고, 보현보살의 자재한 지혜를 깨끗이 하는 데 들어가고, 견줄 데 없는 넓은 문門의 지혜를 열어 보이는 데 들어가고, 법계의 온갖 미세한 경계를 두루 아는 데 들어가고,

入普現法界一切微細境界하며 入一切殊勝智
光明하며 入一切自在邊際하며 入一切辯才法門
際하며 入徧法界智慧身하며 入成就一切處徧行
道하며 入善住一切差別三昧하며 入知一切諸佛心
이니라

법계의 모든 미세한 경계를 널리 나타내는 데 들어가고, 온갖 훌륭한 지혜의 광명에 들어가고, 모든 자유자재한 경계에 들어가고, 모든 변재의 법문 경계에 들어가고, 법계에 두루 한 지혜의 몸에 들어가고, 온갖 곳에 두루 다니는 도(道)를 성취하는 데 들어가고, 모든 차별한 삼매에 잘 머무는 데 들어가고, 일체 모든 부처님의 마음을 아는 데 들어가느니라."

보살이 삼매의 힘으로 갖가지 경계에 들어감을 계속해서 열거한다. 모든 부처님의 다함이 없는 지혜를 내는 데 들어가고, 모든 부처님이 앞에 나타나는 경계에 머무는 데 들어가는 등 낱낱이 다 열거해서 분별할 수 없다.

(22) 넓은 덕의 다함없음을 밝히다

佛子야 此菩薩摩訶薩이 住普賢行하야 念念入百億不可說三昧나 然이나 不見普賢菩薩三昧와

급 불 경 계 장 엄 전 제
及佛境界莊嚴前際하나니

"불자여, 이 보살마하살이 보현의 행行에 머물러서 잠깐잠깐 동안에 백억 말할 수 없는 삼매에 들어가지마는 그러나 보현보살의 삼매와 부처님의 경계를 장엄한 앞 시절을 보지 못하느니라."

십정품 서두에 보안普眼보살이 부처님께 보현普賢보살은 어떤 삼매를 성취하였는가를 물었다. 그러자 부처님은 이 회상에 보현보살이 있으니 보현보살에게 직접 듣도록 하라고 하셨다. 그래서 이 십정품은 보현보살이 자신이 직접 성취한 삼매를 설하여 여기에 이른 것이다.

보살 수행을 하는 이가 열 가지 삼매를 닦아 비록 보현의 행에 머물러 백억이나 되는 가히 말할 수 없는 삼매에 들어가더라도 보현보살의 삼매와 부처님 경계 장엄은 보지 못한다고 하면서 보현보살의 삼매와 부처님 경계 장엄의 넓은 덕이 다함이 없음을 밝힌 것이다.

예컨대 훌륭한 스승이 있어서 제자를 잘 가르쳤는데 그 제자가 스승의 학덕과 지혜를 다 수습하였으나 그 스승이 되지는 못하는 것과 같다. 보현보살의 삼매와 부처님 경계의 장엄을 보지 못하는 까닭을 밝히고 다시 비유를 들어 분명히 하였다.

何以故_오 知一切法究竟無盡故_며 知一切佛刹無邊故_며 知一切衆生界不思議故_며 知前際無始故_며 知未來無窮故_며

"왜냐하면 온갖 법이 끝까지 다함이 없음을 아는 까닭이며, 모든 부처님 세계가 그지없음을 아는 까닭이며, 일체 중생의 세계가 불가사의함을 아는 까닭이며, 앞 시절이 시작이 없음을 아는 까닭이며, 오는 세월이 다함없음을 아는 까닭이며,

知現在盡虛空徧法界無邊故_며 知一切諸佛

경계불가사의고 지일체보살행무수고 지
境界不可思議故며 **知一切菩薩行無數故**며 **知**

일체제불변재소설경계불가설무변고 지일
一切諸佛辯才所說境界不可說無邊故며 **知一**

체환심소연법무량고
切幻心所緣法無量故니라

 현재의 온 허공과 법계가 그지없음을 아는 까닭이며, 모든 부처님의 경계가 헤아릴 수 없음을 아는 까닭이며, 온갖 보살의 행이 수數가 없음을 아는 까닭이며, 일체 모든 부처님의 변재로 설하는 경계가 말할 수 없고 그지없음을 아는 까닭이며, 모든 환술과 같은 마음으로 반연하는 법이 한량없음을 아는 까닭이니라."

 보현보살의 삼매와 부처님 경계의 장엄을 보지 못하는 까닭은 보현보살의 삼매는 이와 같이 일체 법이 끝까지 다함이 없음을 알기 때문이며, 모든 부처님 세계가 그지없음을 알기 때문이며, 일체 중생의 세계가 불가사의함을 알기 때문이라는 것 등을 낱낱이 들었다.

(23) 세 가지 비유로써 밝히다

佛子$_야$ 如如意珠$_가$ 隨有所求$_{하야}$ 一切皆得$_{일새}$
求者無盡$_에$ 意皆滿足$_{호대}$ 而珠勢力$_은$ 終不匱止
$_{인달하야}$

"불자여, 마치 여의주가 구하는 대로 얻게 하는데 구하는 이가 다함이 없어도 뜻을 모두 만족케 하지마는 여의주의 힘은 마침내 다하지 않는 것과 같으니라."

보현보살 삼매의 다함없는 덕을 세 가지로 비유하였다. 첫째는 여의주가 구하는 대로 얻게 하는데 구하는 이가 다함이 없어도 뜻을 모두 만족케 하지마는 여의주의 힘은 마침내 다하지 않는 것과 같다.

菩薩摩訶薩$_도$ 亦復如是$_{하야}$ 入此三昧$_에$ 知心

如幻호대 出生一切諸法境界하야 周徧無盡하야 不
匱不息하나니

 "보살마하살도 또한 그와 같아서 이 삼매에 들어감에 마음이 환술과 같이 일체 모든 법의 경계를 내어 두루 함이 끝이 없음을 알지마는 다하지도 않고 쉬지도 않느니라."

 여의주의 비유와 같이 보살이 삼매에 들어 마음이 환술을 부리듯 일체 모든 경계를 만들어 내어 그 모든 경계가 온 세상에 가득하여 끝이 없지만 다하지도 않고 쉬지도 않는다.

何以故오 菩薩摩訶薩이 成就普賢無礙行智하야
觀察無量廣大幻境이 猶如影像하야 無增減故니라

 "무슨 까닭인가. 보살마하살이 보현의 걸림 없는 행

과 지혜를 성취해서 한량없고 광대한 환술의 경계가 마치 영상과 같아서 증감이 없는 것으로 관찰하는 까닭이니라."

그 까닭은 보살이 보현의 걸림 없는 행과 지혜를 성취해서 한량없고 광대한 환술의 경계가 마치 영상과 같아서 증감이 없는 것으로 관찰하기 때문이다.

佛子야 譬如凡夫가 各別生心호대 已生現生과 及以當生에 無有邊際하며 無斷無盡하야 其心流轉하야 相續不絶이 不可思議인달하야

"불자여, 비유하자면 마치 범부들이 제각기 마음을 내는데, 이미 내었고 지금 내고 장차 낼 것이 끝이 없어서 간단이 없고 다함이 없으며, 그 마음의 흘러가는 일이 계속하여 끊어지지 아니하여 헤아릴 수 없는 것과

같으니라."

　두 번째 비유다. 범부들은 한순간도 쉬지 않고 마음을 낸다. 멈추려 해도 멈출 수 없는 것이 사람의 마음 작용이다. 과거 현재 미래를 두고 끊임없이 상속하는 것이 범부의 마음이다. 그야말로 머무는 바 없이 마음을 낸다.

　　　보살 마하살　　역부여시　　입차보환문삼매
　　菩薩摩訶薩도 **亦復如是**하야 **入此普幻門三昧**에

무유변제　　　불가측량　　　하이고　　요달보현보
無有邊際하야 **不可測量**이니 **何以故**오 **了達普賢菩**

살　보환문무량법고
薩의 **普幻門無量法故**니라

　"보살마하살도 또한 그와 같아서 이 환술과 같은 넓은 문門 삼매에 들어가 그지없고 헤아릴 수 없느니라. 왜냐하면 보현보살의 환술과 같은 넓은 문의 한량없는 법을 잘 아는 까닭이니라."

보살은 보현보살의 환술과 같은 넓은 문의 한량없는 법을 잘 아는 까닭에 환술과 같은 넓은 문 삼매에 들어가 그지없고 헤아릴 수 없다.

佛_불子_자야 譬_비如_여難_난陀_타跋_발難_난陀_타摩_마那_나斯_사龍_용王_왕과 及_급餘_여大_대龍_용이 降_강雨_우之_지時_시에 滴_적如_여車_거軸_축하야 無_무有_유邊_변際_제라 雖_수如_여是_시雨_우나 雨_우終_종不_부盡_진이니 此_차是_시諸_제龍_용의 無_무作_작境_경界_계인달하야

"불자여, 비유하자면 마치 난타와 발난타와 마나사 용왕과 그 나머지 다른 용왕들이 비를 내릴 적에 빗방울이 마치 수레바퀴처럼 그지없이 퍼붓지마는 비록 이러한 비가 마침내 다하지 않음은 이 모든 용왕의 지음이 없는[無作] 경계인 것과 같으니라."

세 번째 비유다. 용왕들이 비를 내리든 대기의 변화에 따라 수증기가 모여서 비가 내리든 비는 과거 수천만 년을 내

렸고 현재에도 내리고 미래에도 끊임없이 내릴 것이다. 자연의 조화는 언제나 지음이 없이 저절로 그러함이다.

菩薩摩訶薩도 亦復如是하야 住此三昧에 入普賢菩薩諸三昧門과 智門과 法門과 見諸佛門과 往諸方門과 心自在門과 加持門과 神變門과 神通門과 幻化門과 諸法如幻門과 不可說不可說諸菩薩充滿門하며

"보살마하살도 또한 그와 같아서 이 삼매에 머물고는 보현보살의 모든 삼매문三昧門인 지혜문과, 법문과, 모든 부처님을 친견하는 문과, 여러 방위에 가는 문과, 마음이 자유로운 문과, 가지加持하는 문과, 신통변화하는 문과, 신통문과, 환술로 변화하는 문과, 모든 법이 환술 같은 문과, 말할 수 없이 말할 수 없는 보살들이

가득한 문에 들어가느니라."

보살도 또한 그와 같아서 이 삼매에 머물고는 보현보살의 모든 삼매문인 지혜문과, 법문과, 모든 부처님을 친견하는 문 등 수많은 문에 쉼 없이 들어간다. 삼매의 힘은 아무리 설명해도 다하지 못하며, 아무리 찬탄해도 다하지 못한다. 어찌 비유로써 나타낼 수 있겠는가.

親近不可說不可說佛刹微塵數如來正覺門하며 入不可說不可說廣大幻網門하며 知不可說不可說差別廣大佛刹門하며 知不可說不可說有體性無體性世界門하며

"말할 수 없이 말할 수 없는 세계의 미진수 같은 여래의 정각正覺의 문을 친근하며, 말할 수 없이 말할 수

없는 광대한 환술 그물문에 들어가며, 말할 수 없이 말할 수 없는 차별하고 광대한 세계의 문을 알며, 말할 수 없이 말할 수 없는 자체 성품이 있고 자체 성품이 없는 세계의 문을 아느니라."

법계에는 말할 수 없이 말할 수 없는 세계의 미진수 같은 여래의 정각正覺이 있고, 삼매의 힘으로 보살은 그 모든 정각을 다 친견한다. 이와 같은 내용들이 계속해서 이어진다.

화엄경의 정각은 말할 수 없이 말할 수 없는 세계의 미진수 같은 여래의 정각이 있어서 보살이 그것을 모두 친견한다. 정각이란 세존이 보리수 아래에서 비로소 이루신 것이 아니라 이미 모든 보살에게 있는 것이라서 떠나려야 한순간도 떠날 수 없는 것이다. 이미 무수히 있는 정각을 이와 같이 친견할 뿐이다. 정각은 곧 법성이며 진여자성이며 여래법신이기 때문이다.

지 불 가 설 불 가 설 중 생 상 문　　지 불 가 설 불 가
知不可說不可說衆生想門하며 知不可說不可

說時劫差別門_{하며} 知不可說不可說世界成壞門_{하며} 知不可說不可說覆住仰住諸佛刹門_{하야} 於一念中_에 皆如實知_{하나니라}

"말할 수 없이 말할 수 없는 중생의 생각하는 문을 알며, 말할 수 없이 말할 수 없는 시간과 겁의 차별한 문을 알며, 말할 수 없이 말할 수 없는 세계가 이룩되고 파괴되는 문을 알며, 말할 수 없이 말할 수 없는 엎어져서 머물고 잦혀져서 머무는 모든 세계의 문을 알아 잠깐 동안에 모두 사실과 같이 아느니라."

다시 또 무수한 중생들의 생각을 알고, 무수한 시간과 겁의 차별을 알고, 무수한 세계의 이뤄지고 파괴되는 것을 알고, 무수한 엎어지고 잦혀진 세계를 안다. 이와 같은 것을 모두 잠깐 동안에 사실과 같이 안다.

(24) 삼매에 든 상相과 용用을 밝히다

如是入時에 無有邊際하며 無有窮盡하며 不疲
不厭하며 不斷不息하며 無退無失하며 於諸法中에
不住非處하며 恒正思惟하야 不沈不擧하며

"이와 같이 들어갈 적에 가없고 다함이 없으며, 고달프지 않고 싫지도 않고, 끊어지지도 않고 쉬지도 않고, 물러나지도 않고 잃어버리지도 않고, 모든 법에서 잘못된 곳에 머물지도 않고, 항상 바르게 생각하여 혼침하지도 않고 딴 생각을 하지도 않느니라."

삼매에 든 상相과 용用을 밝혔는데 삼매에 든 그 모습과 작용이다. 먼저 경문의 열 구절은 삼매에 든 상相을 밝혔다. 앞에서 설한 그지없고 다함이 없고 지음이 없는 경계[無邊無盡無作境界]에 모두 부합한다. 고달프지도 않고 싫지도 않고, 끊어지지도 않고 쉬지도 않고, 물러나지도 않고 잃어버리지도 않는 등은 모두 지음이 없기 때문이다.

求一切智_{하야} 常無退捨_{하며} 爲一切佛刹_의 照
世明燈_{하야} 轉不可說不可說法輪_{하며}

"일체 지혜를 구하되 항상 물러서거나 버리지 아니하며, 일체 모든 부처님 세계에서 세상을 비추는 등불이 되어 말할 수 없이 말할 수 없는 법의 바퀴를 굴리느니라."

여기서부터는 삼매에 든 업의 작용을 밝혔다. "일체 지혜를 구하되 항상 물러서거나 버리지 아니하며, 일체 모든 부처님 세계에서 세상을 비추는 등불이 되어 말할 수 없이 말할 수 없는 법의 바퀴를 굴린다."는 등이 모두 그 작용이다. 만약 삼매에 들어 법의 바퀴를 굴려서 중생을 교화 · 조복하지 못한다면 그것은 진정한 삼매가 아니기 때문이다.

以妙辯才_로 諮問如來_{호대} 無窮盡時_{하며} 示成

불도　　무유변제　　조복중생　　항무폐사
佛道호대 **無有邊際**하며 **調伏衆生**호대 **恒無廢捨**하며

상근수습보현행원　　미증휴식　　시현무량
常勤修習普賢行願하야 **未曾休息**하며 **示現無量**

불가설불가설색상신　　무유단절
不可說不可說色相身하야 **無有斷絶**이니라

　"미묘한 변재로 여래께 묻되 다하는 때가 없으며, 부처님 도道를 이루는 일이 끝이 없음을 보이며, 중생을 조복하기를 언제나 폐하지 않으며, 항상 보현보살의 행과 원을 부지런히 닦아서 일찍이 쉬지 않으며, 한량없고 말할 수 없이 말할 수 없는 색상의 몸을 나타내는 일이 단절함이 없느니라."

　삼매에 머무는 업의 작용이 이와 같아야 한다. 경문과 같이 다함이 없고 끝도 없는 불사, 즉 부처님의 일을 짓되 지음이 없이 왕성하게 짓는 것이 곧 참다운 삼매에 머무름이다.

하이고 비여연화 수소유연   어이소시
何以故오 譬如燃火에 隨所有緣하야 於爾所時
                                    화기불식   보살마하살   역부여시   관
에 火起不息인달하야 菩薩摩訶薩도 亦復如是하야 觀

찰중생계법계세계 유여허공   무유변제
察衆生界法界世界가 猶如虛空하야 無有邊際하며

"무슨 까닭인가. 비유하자면 마치 타는 불이 인연을 따르므로 인연이 있는 때에는 불이 쉬지 아니하듯이, 보살마하살도 또한 그와 같아서 중생계와 법계와 세계가 마치 허공처럼 가없음을 관찰하느니라."

내지능어일념지경 왕불가설불가설불찰
乃至能於一念之頃에 往不可說不可說佛刹

미진수불소   일일불소   입불가설불가설일
微塵數佛所하야 一一佛所에 入不可說不可說一

체지종종차별법   영불가설불가설중생계
切智種種差別法하야 令不可說不可說衆生界로

출가위도   근수선근   구경청정
出家爲道하야 勤修善根하야 究竟淸淨하며

"내지 잠깐 동안에 말할 수 없이 말할 수 없는 세계의 미진수와 같이 많은 부처님 계신 데 가며, 낱낱 부처님 계신 데서 말할 수 없이 말할 수 없는 일체 지혜의 가지가지 차별한 법에 들어가며, 말할 수 없이 말할 수 없는 중생세계로 하여금 출가하여 도(道)를 배우고 착한 뿌리를 부지런히 닦아 끝까지 청정케 하느니라."

그 까닭을 비유로써 밝힌다. 마치 불이 타오를 때에 탈 인연이 갖춰지면 쉬지 않고 계속해서 타오르듯이 보살도 중생계와 법계와 세계가 마치 허공처럼 가없음을 관찰하여 한 순간에 무수한 세계의 낱낱 부처님 처소에서 무수한 가지가지 차별한 법에 들어가서 무수한 중생들로 하여금 출가하여 도를 닦게 하고 부지런히 선근을 닦아 끝까지 청정하게 한다. 즉 무수한 세계의 무수한 중생들이 살고 있는 것이 곧 보살이 보살행을 행할 인연이 되는 것이다.

영 불가설불가설보살 어보현행원 미결정
令不可說不可說菩薩이 **於普賢行願**에 **未決定**

者로 而得決定하야 安住普賢智慧之門하야

"말할 수 없이 말할 수 없는 보살로 하여금 보현보살의 행과 원에 결정치 못한 이는 결정케 하여 보현보살의 지혜의 문에 머물게 하며,

以無量方便으로 入不可說不可說三世成住壞廣大差別劫하야 於不可說不可說成住壞世間差別境界에 起於爾所大悲大願하야 調伏無量一切衆生하야 悉使無餘하나니라

한량없는 방편으로 말할 수 없이 말할 수 없는 삼세三世가 이루고 머물고 파괴되는 광대하게 차별한 겁에 들어가며, 말할 수 없이 말할 수 없는 이루고 머물고 파괴되는 세간의 차별한 경계에서 그와 같이 많은 크게 어여삐 여기고 크게 서원함을 일으켜서 한량없는 일체

중생을 조복해 남음이 없게 하느니라."

또 무수한 보살들로 하여금 보현의 행과 원에 아직 결정되지 못한 이는 보현의 지혜에 안주하게 한다. 그리고 한량없는 방편으로 한량없는 세계의 갖가지 차별한 겁에 들어가서 보현의 대비와 대원을 일으켜서 한량없는 중생들을 남김없이 조복하고 교화하는 것을 앞에서 든 불타는 비유와 같이 한다.

何以故오 **此菩薩摩訶薩**이 **爲欲度脫一切衆生**하야 **修普賢行**하며 **生普賢智**하며 **滿足普賢**의 **所有行願**이니라

"왜냐하면 이 보살마하살이 일체 중생을 제도하여 보현의 행을 닦고, 보현의 지혜를 내고, 보현보살이 가진 행과 원을 만족케 하기 위한 것이니라."

그 까닭은 보살이 일체 중생을 제도하여 보현의 행을 닦고, 보현의 지혜를 내고, 보현보살이 가진 행과 원을 만족케 하기 위한 것이다. 불교에서 가장 이상적인 보살은 보현보살이며 가장 이상적인 보살행은 보현행이기 때문에 이와 같이 설한다. 삼매에 머문 모습과 그 작용을 설하여 마쳤다.

(25) 수행修行하기를 권하다

是故로 諸菩薩이 應於如是種類와 如是境界와 如是威德과 如是廣大와 如是無量과 如是不思議와 如是普照明과 如是一切諸佛現前住와 如是一切如來所護念과

"그러므로 모든 보살이 이와 같은 종류와 이와 같은 경계와, 이와 같은 위덕과, 이와 같은 광대함과, 이와 같은 한량없음과, 이와 같은 부사의함과, 이와 같은 널

리 비춤과, 이와 같은 일체 모든 부처님이 앞에 나타남과, 이와 같은 모든 여래의 호념하심과

여시성취왕석선근　여시기심무애부동삼
如是成就往昔善根과 **如是其心無礙不動三**
매지중　근가수습　이제열뇌　무유피염
昧之中에 **勤加修習**하야 **離諸熱惱**하며 **無有疲厭**하야
심불퇴전　입심지락　용맹무겁　순삼매
心不退轉하며 **立深志樂**하야 **勇猛無怯**하며 **順三昧**
경계　입난사지지
境界하야 **入難思智地**하며

이와 같은 옛날의 착한 뿌리를 성취함과, 이와 같은 마음이 걸림이 없고 동하지 않은 삼매 가운데서 부지런히 닦아 번뇌를 여의며, 마음이 고달프지도 않고 물러나지도 않으며, 뜻을 굳게 세우고 용맹하여 겁이 없어 삼매의 경계를 따라 헤아릴 수 없는 지혜에 들어갈 것이니라."

그동안 종류와 경계와 위덕과 광대함과 한량없음 등등

을 설하였다. 그와 같은 가운데서 부지런히 닦아 번뇌를 여의며, 마음이 고달프지도 않고 물러나지도 않으며, 뜻을 굳게 세우고 용맹하여 겁이 없어 삼매의 경계를 따라 헤아릴 수 없는 지혜에 들어가기를 권하였다.

不依文字_{하고} 不着世間_{하며} 不取諸法_{하고} 不起分別_{하며} 不染着世事_{하고} 不分別境界_{하야} 於諸法智_에 但應安住_{하고} 不應稱量_{이니}

(불의문자 불착세간 불취제법 불기분별 불염착세사 불분별경계 어제법지 단응안주 불응칭량)

"글자에 의지하지도 말고, 세간에 집착하지도 말고, 모든 법을 취하지도 말고, 분별을 내지도 말고, 세상일에 물들지도 말고, 경계를 분별하지도 말며, 모든 법을 아는 지혜에 편안히 머물고 헤아리려 하지 말지니라."

보살은 또 세간에서 언어를 사용하고 문자를 써서 중생을 교화하더라도 언어와 문자에 의지하지 말고, 세간에 집착하지 말며, 모든 법을 취하지 말고, 분별을 내지도 말고 중생을 교화하라고 권하였다.

所謂親近一切智_{하야} 悟解佛菩提_{하며} 成就法光明_{하야} 施與一切衆生善根_{하며} 於魔界中_에 拔出衆生_{하야} 令其得入佛法境界_{하며} 令不捨大願_{하고} 勤觀出道_{하야} 增廣淨境_{하며} 成就諸度_{하야}

"이른바 일체 지혜를 친근하여 부처님의 보리를 깨닫고, 법의 광명을 성취하여 일체 중생에게 선근을 베풀며, 마의 경계에서 중생을 건져내어 그들을 불법의 경계에 들어가게 하며, 큰 서원을 버리지 말고 벗어나는 길을 부지런히 관찰하고, 청정한 경계를 늘게 하여 모든 바라밀을 성취케 할 것이니라."

이와 같이 수행하는 것은 무엇을 위함인가. 일체 존재의 평등과 차별을 아는 지혜를 가까이하는 것이며, 부처님이 성취하신 보리를 깨닫는 것이며, 법의 광명을 성취하는 것이며, 일체 중생에게 선근을 주어 마군의 경계로부터 빼어 내는 것이다.

於一切佛에 深生信解하며 常應觀察一切法性
하야 無時暫捨하며 應知自身이 與諸法性으로 普皆
平等하며 應當明解世間所作하야 示其如法智慧
方便하며 應常精進하야 無有休息하며

"모든 부처님께 깊은 신심과 이해를 내고, 항상 모든 법의 성품을 관찰하여 잠깐도 버리지 말며, 응당 자기의 몸이 모든 법의 성품과 모두 평등한 줄을 알며, 응당 세간에서 짓는 일을 분명히 알고 법과 같은 지혜와 방편을 보이며, 항상 꾸준히 정진하여 쉬지 말지니라."

수행하기를 권하는 내용을 하나하나 들었다. 부처님께 깊은 믿음을 내고, 법을 관찰하고, 자신이 모든 법성과 평등함을 응당 아는 것 등을 말하였다.

應觀自身의 善根鮮少하며 應勤增長他諸善根하며 應自修行一切智道하며 應勤增長菩薩境界하며 應樂親近諸善知識하며 應與同行으로 而共止住하며

"응당 자신에게 선근이 적은 줄을 살피고, 다른 이의 선근을 부지런히 늘게 하며, 일체 지혜의 도道를 스스로 수행하여 보살의 경계를 부지런히 증장케 하며, 응당 선지식을 친근하기를 좋아하고, 함께 다니고 함께 머물지니라."

자신의 선근은 늘 부족한 것으로 알고 다른 이의 선근을 부지런히 늘게 하며, 일체 지혜를 수행하여 보살의 경계를 증

장케 하며, 선지식을 즐겨 친근해서 함께 다니고 함께 머무는 것이 훌륭한 수행이다.

應不分別佛하며 應不捨離念하며 應常安住平等法界하며 應知一切心識如幻하며 應知世間諸行如夢하며

"응당 부처님을 분별하지 말고, 생각 떠남을 버리지 말며, 평등한 법계에 항상 편히 머물며, 모든 마음과 의식이 환술과 같음을 알며, 세간의 모든 일이 꿈과 같음을 알지니라."

부처님을 분별하지 않는다는 것은 무엇인가. 불교에는 부처님에 대한 설명이 매우 분분하다. 화엄경에서는 부처님은 우주법계에 충만하다고 하였다. 무엇을 분별하겠는가. 떠나 있으려고 해도 떠나 있을 수 없는 것이 부처님이다. 일

체 심의식은 모두 환영과 같음을 알며, 세간의 모든 행은 꿈과 같음을 아는 것이 불법의 기본적인 수행이다.

應知諸佛의 願力出現이 猶如影像하며 應知一切諸廣大業이 猶如變化하며 應知言語가 悉皆如響하며 應觀諸法이 一切如幻하며 應知一切生滅之法이 皆如音聲하며

"모든 부처님이 원력으로 나타나심이 영상과 같은 줄을 알며, 일체 모든 크고 넓은 업이 마치 변화함과 같음을 알며, 모든 말이 메아리와 같음을 알며, 모든 법이 환술과 같음을 알며, 모든 나고 없어지는 법이 음성과 같음을 알지니라."

수행이란 심지어 모든 부처님이 원력으로 세상에 출현하신 일까지 영상과 같은 줄을 알아야 한다. 업이 아무리 무성

하더라도 변화함과 같은 것이라서 실체가 없는 줄을 알아야 하고, 일체 언어는 메아리와 같고, 모든 법은 환영과 같으며, 일체 생멸하는 것은 음성이 방금 일어났다 방금 사라지는 것과 같은 줄을 알아야 한다.

應知所往一切佛刹이 皆無體性하며 應爲請問
如來佛法호대 不生疲倦하며 應爲開悟一切世間호대
勤加敎誨하야 而不捨離하며 應爲調伏一切衆生호대
知時說法하야 而不休息이니라

"가는 곳마다 일체 부처님의 세계가 자체의 성품이 없음을 알며, 여래께 불법佛法을 묻되 응당 고달픈 생각을 내지 말며, 일체 세간을 깨우치되 부지런히 가르침을 더하여 버리지 말며, 일체 중생을 조복하기 위하여 시기를 알고 법을 말하여 쉬지 말 것이니라."

일체 세계가 저렇게 넓고 많지만 자체 성품이 없는 줄을 알아야 하며, 부처님과 모든 선지식에게 법을 묻되 피곤해하거나 게으르지 않아야 하며, 일체 세간 사람들을 깨우치되 부지런히 가르치며, 일체 중생을 조복하되 때에 맞추어 법을 설해서 쉬지 않아야 한다. 이와 같은 것이 수행하기를 권하는 일이다.

(26) 수행을 맺다

佛子야 菩薩摩訶薩이 如是修行普賢之行하며
(불자야 보살마하살이 여시수행보현지행하며)

如是圓滿菩薩境界하며 如是通達出離之道하며
(여시원만보살경계하며 여시통달출리지도하며)

如是受持三世佛法하며 如是觀察一切智門하며
(여시수지삼세불법하며 여시관찰일체지문하며)

"불자여, 보살마하살이 이와 같이 보현의 행을 닦고, 이와 같이 보살의 경계를 원만케 하고, 이와 같이 뛰어나는 길을 통달하고, 이와 같이 세 세상 부처님의 법을 받아 지니고, 이와 같이 일체 지혜의 문을 관찰하고,

여시 사유 불 변 이 법　　여 시 명 결 증 상 지 락
如是思惟不變異法하며 **如是明潔增上志樂**하며

여 시 신 해 일 체 여 래　　여 시 요 지 불 광 대 력　　여
如是信解一切如來하며 **如是了知佛廣大力**하며 **如**

시 결 정 무 소 애 심　　여 시 섭 수 일 체 중 생
是決定無所礙心하며 **如是攝受一切衆生**이니라

　이와 같이 변하지 않는 법을 생각하고, 이와 같이 더욱 높이 올라가는 뜻을 밝고 깨끗이 하고, 이와 같이 모든 여래를 믿고 이해하고, 이와 같이 부처님의 넓고 큰 힘을 알고, 이와 같이 걸림 없는 마음을 결정하고, 이와 같이 일체 중생을 거두어 주느니라."

　수행하기를 권하는 내용을 모두 맺어 설하였다. 보현행이란 전체적인 내용이고 나머지는 각각 다른 것이다. 각각 다른 열 가지가 모두 보현행에 포함된다. 보살의 경계를 원만히 하고, 벗어나는 도를 통달하고, 삼세의 부처님 법을 받아 지니고, 일체 지혜의 문을 관찰하고, 변하지 않는 법을 생각하고, 궁극에는 일체 중생을 남김없이 섭수하는 것 등이다.

(27) 삼매의 이익을 밝히다

1〉 밖으로 부처님의 가피를 얻다

佛_불子_자야 菩_보薩_살摩_마訶_하薩_살이 入_입普_보賢_현菩_보薩_살所_소住_주如_여是_시大_대智_지慧_혜三_삼昧_매時_시에 十_시方_방各_각有_유不_불可_가說_설不_불可_가說_설國_국土_토어든 一_일一_일國_국土_토에 各_각有_유不_불可_가說_설不_불可_가說_설佛_불刹_찰微_미塵_진數_수如_여來_래名_명號_호하며 一_일一_일名_명號_호에 各_각有_유不_불可_가說_설不_불可_가說_설佛_불刹_찰微_미塵_진數_수諸_제佛_불이 而_이現_현其_기前_전하사

"불자여, 보살마하살이 보현보살이 머문 바의 이와 같은 큰 지혜 삼매에 들어갔을 적에, 시방에 각각 말할 수 없이 말할 수 없는 국토가 있고, 낱낱 국토마다 각각 말할 수 없이 말할 수 없는 세계의 미진수 여래의 이름이 있고, 낱낱 이름마다 말할 수 없이 말할 수 없는 세계의 미진수 부처님이 그 앞에 나타나서,

여여래염력   영불망실여래경계   여일
與如來念力하사 **令不忘失如來境界**하며 **與一**

체법구경혜   영입일체지   여지일체법종종
切法究竟慧하사 **令入一切智**하며 **與知一切法種種**

의결정혜   영수지일체불법   취입무애
義決定慧하사 **令受持一切佛法**하야 **趣入無礙**하며

　여래의 기억하는 힘을 주어 여래의 경계를 잊지 않게 하며, 일체 법에 끝까지 이르는 지혜를 주어 일체 지혜에 들어가게 하며, 일체 법과 갖가지 이치를 아는 결정한 지혜를 주어 일체 불법을 받아 가지고 걸림 없이 들어가게 하느니라."

　열 가지 삼매가 원만하면 이루게 되는 이익을 밝혔다. 크게 네 가지 이익이 있는데 첫째는 밖으로 부처님의 감응으로 가피를 내리는 이익[外感佛加益]이고, 둘째는 안으로 덕이 원만한 이익[內德圓滿益]이고, 셋째는 위로 부처님의 과덕果德에 포섭되는 이익[上攝佛果益]이고, 넷째는 불과와 꼭 같아지는 이익[正同佛果益]이다. 이 내용은 저 아래에까지 연결된다.

　먼저 밖으로 부처님의 감응으로 가피를 내리는 이익을

밝혔다. 보살이 보현보살이 머문 바의 큰 지혜 삼매에 들어 갔을 적에 시방에 각각 무수한 국토가 있고, 그 낱낱 국토 마다 각각 무수한 세계의 미진수 같은 여래의 이름이 있고, 낱낱 이름마다 또 무수한 세계의 미진수 같은 부처님이 그 앞에 나타나서 여래의 기억하는 힘을 주어 여래의 경계를 잊지 않게 하며, 궁극에는 일체 불법을 받아 가지고 걸림 없이 들어가게 한다. 삼매에 머문 이익은 이와 같이 끝이 없다.

여무상불보리 영입일체지 개오법계
與無上佛菩提하사 **令入一切智**하야 **開悟法界**하며

여보살구경혜 영득일체법광명 무제흑
與菩薩究竟慧하사 **令得一切法光明**하야 **無諸黑**

암 여보살불퇴지 영지시비시선교방편
闇하며 **與菩薩不退智**하사 **令知時非時善巧方便**하야

조복중생
調伏衆生하며

"위없는 부처님의 보리를 주어 일체 지혜에 들어가 법계를 깨우치게 하며, 보살의 구경의 지혜를 주어 일

체 법의 광명을 얻고 모든 캄캄함이 없게 하며, 보살의 물러나지 않는 지혜를 주어 때[時]인지 때가 아닌지를 아는 교묘한 방편으로 중생을 조복케 하느니라."

또 부처님의 보리를 주어 일체 지혜에 들어가서 법계를 모두 깨닫게 하는 등 나아가서 교묘한 방편으로 중생들을 조복한다.

여 무 장 애 보 살 변 재　　　영 오 해 무 변 법　　연 설
與無障礙菩薩辯才하사 **令悟解無邊法**하야 **演說**

무 진　　여 신 통 변 화 력　　　영 현 불 가 설 불 가 설
無盡하며 **與神通變化力**하사 **令現不可說不可說**

차 별 신　무 변 색 상　종 종 부 동　　개 오 중 생
差別身의 **無邊色相**이 **種種不同**하야 **開悟衆生**하며

"걸림이 없는 보살의 변재를 주어 그지없는 법을 깨닫고 다함이 없이 연설하게 하며, 신통변화하는 힘을 주어 말할 수 없이 말할 수 없는 차별한 몸과 그지없는 모양이 가지가지 같지 아니함을 나타내어 중생을 깨닫

게 하느니라."

與圓滿言音하사 令現不可說不可說差別音聲의
種種言辭하야 開悟衆生하며 與不唐捐力하사 令一
切衆生으로 若得見形이어나 若得聞法에 皆悉成就
하야 無空過者니라

"원만한 음성을 주어 말할 수 없이 말할 수 없는 차별한 음성과 갖가지 말을 나타내어 중생을 깨닫게 하며, 헛되지 않은 힘을 주어 일체 중생들로 하여금 형상을 보거나 법을 들은 이는 모두 성취하여 헛되이 지나가는 이가 없게 하느니라."

삼매에 머문 이익은 밖으로는 부처님의 가피를 얻어 중생을 조복하고 중생을 깨우치며 부처님의 형상을 보거나 법을 들은 이는 모두 성취하여 헛되이 지나가는 이가 없게 한다.

그야말로 "내 이름을 듣는 이는 삼도三途의 고통을 면하고 내 모양을 보는 이는 해탈을 얻어지이다."[2]라는 나옹스님의 축원문과 같다.

불자 보살마하살 여시만족보현행고 득
佛子야 **菩薩摩訶薩**이 **如是滿足普賢行故**로 **得**

여래력 정출리도 만일체지 이무애변
如來力하고 **淨出離道**하고 **滿一切智**하야 **以無礙辯**

재 신통변화 구경조복일체중생
才와 **神通變化**로 **究竟調伏一切衆生**하며

"불자여, 보살마하살이 이와 같이 보현의 행行을 만족하였으므로 여래의 힘을 얻고 벗어나는 길을 깨끗이 하고 일체 지혜를 만족하게 하며, 걸림 없는 변재와 신통변화로 구경에는 일체 중생을 조복하느니라."

보살이 삼매로 보현의 행을 만족하게 하여 구경에는 일체 중생을 교화하고 조복하는 것이다. 보살은 오로지 일체

---

2) 聞我名者免三途 見我形者得解脫.

중생을 위하여 일체 바라밀을 닦는 것이다.

具_구佛_불威_위德_덕하고 淨_정普_보賢_현行_행하고 住_주普_보賢_현道_도하야 盡_진未_미來_래際_제토록 爲_위欲_욕調_조伏_복一_일切_체衆_중生_생하야 轉_전一_일切_체佛_불微_미妙_묘法_법輪_륜하나니

"부처님의 위덕을 갖추고 보현의 행을 깨끗이 하고 보현의 도道에 머물러서 오는 세월이 끝나도록 일체 중생을 조복하기 위하여 일체 부처님의 미묘한 법륜을 굴리느니라."

보살이 삼매로 부처님의 위덕을 갖추고 보현행을 청정하게 하며 보현의 도에 머물러 미래제가 다하도록 일체 중생을 조복하려고 법륜을 굴리는 것이다.

何以故오 佛子야 此菩薩摩訶薩이 成就如是殊勝大願諸菩薩行하면 則爲一切世間法師하며 則爲一切世間法日하며 則爲一切世間智月하며 則爲一切世間須彌山王하야 嶷然高出하야 堅固不動하며

"무슨 까닭인가. 불자여, 보살마하살이 이와 같이 수승한 큰 서원과 보살의 행을 성취하면 일체 세간의 법사가 되며, 일체 세간의 법의 태양이 되며, 일체 세간의 지혜의 달이 되며, 일체 세간의 수미산 왕이 되어 우뚝하게 높이 솟아 견고하여 동動하지 아니하느니라."

보살이 수승한 큰 서원과 모든 보살의 행을 성취하면 세간을 비추는 법의 태양이 되며, 세간의 어리석음을 제거하는 지혜의 달이 된다. 또 세간에서 우뚝하게 높이 솟은 수미산이 된다.

則爲一切世間無涯智海하며 則爲一切世間正法明燈하야 普照無邊하야 相續不斷하며 爲一切衆生하야 開示無邊淸淨功德하야 皆令安住功德善根하며 順一切智大願平等하야 修習普賢廣大之行하며 常能勸發無量衆生하야 住不可說不可說廣大行三昧하야 現大自在니라

"일체 세간의 끝없는 지혜의 바다가 되며, 일체 세간에서 바른 법의 밝은 등불이 되어 그지없는 데까지 널리 비추어 끊어지지 않으며, 일체 중생을 위하여 그지없이 청정한 공덕을 열어 보여 공덕과 착한 뿌리에 머물게 하며, 일체 지혜를 따라서 큰 서원이 평등하며, 보현의 넓고 큰 행을 닦으며, 한량없는 중생에게 발심하기를 권하여 말할 수 없이 말할 수 없는 광대한 행行인 삼매에 머물러서 크게 자유자재함을 나타내느니라."

불교에서 수행을 거듭 쌓아서 밖으로 표현하고자 하는 것은 아주 뛰어난 큰 서원과 모든 보살행을 성취하는 일이다. 이러한 큰 서원과 모든 보살행을 성취하면 불법의 깊은 내용들을 드러내지 못할 것이 없다. 삼매에 머무르므로 일체 세간의 끝없는 지혜의 바다가 되며, 일체 세간에서 바른 법의 밝은 등불이 되어 그지없는 데까지 널리 비추어 끊어지지 않으며, 일체 중생을 위하여 그지없이 청정한 공덕을 열어 보이는 등 못할 일이 없다. 이와 같은 것은 밖으로 드러난 부처님 가피의 이익[外感佛加益]이다.

2) 안으로 덕이 원만하다

佛子야 **此菩薩摩訶薩**이 **獲如是智**하며 **證如是**
불자　　차보살마하살　　획여시지　　증여시

法하야 **於如是法**에 **審住明見**하며 **得如是神力**하며
법　　　어여시법　　심주명견　　　득여시신력

住如是境界하며 **現如是神變**하며 **起如是神通**하야
주여시경계　　　현여시신변　　　기여시신통

상 안 주 대 비
常安住大悲하며

"불자여, 이 보살마하살이 이와 같은 지혜를 얻고, 이와 같은 법을 증득하고, 이와 같은 법에 자세히 머물러서 분명하게 보며, 이와 같은 신통력을 얻고, 이와 같은 경계에 머물러서 이와 같은 신통변화를 나타내고, 이와 같은 신통을 일으키며, 큰 자비에 항상 안주하느니라."

둘째로는 안으로 덕이 원만한 이익[內德圓滿益]이다. 삼매에 머무르므로 지혜를 얻고 법을 증득하며, 신통력을 얻고 신통력을 일으키며, 큰 자비에 항상 안주한다.

상 이익 중생 　　개시 중생 안 은 정 도　　　건 립
常利益衆生하야 **開示衆生安隱正道**하며 **建立**

복 지 대 광 명 당　　증 부 사 의 해 탈　　주 일 체 지
福智大光明幢하며 **證不思議解脫**하며 **住一切智**

해 탈　　도 제 불 해 탈 피 안　　학 부 사 의 해 탈 방
解脫하며 **到諸佛解脫彼岸**하며 **學不思議解脫方**

편문   이 득 성 취
便門하야 已得成就하며

"중생을 항상 이익하게 하고, 중생에게 편안한 바른 길을 열어서 보여 주고, 복과 지혜의 광명 깃대를 세우며, 부사의한 해탈을 증득하고, 일체 지혜의 해탈에 머물고, 모든 부처님의 해탈의 저 언덕에 이르며, 부사의한 해탈의 방편문을 배워서 성취하느니라."

입 법 계 차 별 문   무 유 착 란   어 보 현 불 가
入法界差別門하야 無有錯亂하며 於普賢不可
설 불 가 설 삼 매   유 희 자 재   주 사 자 분 신 지
說不可說三昧에 遊戱自在하며 住獅子奮迅智하야
심 의 무 애
心意無礙하야

"법계의 차별한 문에 들어가서 착란하지 않으며, 보현의 말할 수 없이 말할 수 없는 삼매에서 유희하고 자재하며, 사자의 기운 뻗는 지혜에 머물러서 마음에 장애가 없느니라."

삼매에 머무르므로 성취하게 되는 덕의 원만한 이익은 무엇보다 중생들을 항상 이익하게 하는 것이며, 중생들에게 편안한 바른 길을 열어 보이는 것이다. 또 복과 지혜의 광명 깃대를 세우고, 부사의한 해탈을 증득하고, 일체 지혜의 해탈에 머무는 것 등 낱낱이 다 설명할 길이 없다.

其心이 恒住十大法藏하나니 何者가 爲十고 所謂

住億念一切諸佛하며 住億念一切佛法하며 住調

伏一切衆生大悲하며 住示現不思議淸淨國土智

하며 住深入諸佛境界決定解하며

"그 마음은 항상 열 가지 큰 법장法藏에 머무나니, 무엇이 열인가. 이른바 일체 모든 부처님을 기억하여 생각하는 데 머물며, 일체 부처님의 법을 기억하여 생각하는 데 머물며, 일체 중생을 조복하는 큰 자비에 머물며, 헤아릴 수 없이 청정한 국토를 나타내 보이는 지혜에 머물며, 모든 부처님의 경계에 깊이 들어가는 결정한 지혜에 머무느니라."

住去來現在一切佛平等相菩提하며 **住無礙無着際**하며 **住一切法無相性**하며 **住去來現在一切佛平等善根**하며

"과거 미래 현재의 모든 부처님의 평등한 보리에 머물며, 걸림 없고 집착함이 없는 경계에 머물며, 일체 법이 모양이 없는 성품에 머물며, 과거 미래 현재의 모든 부처님의 평등한 선근에 머무느니라."

住去來現在一切如來法界無差別身語意業

선도지　　주관찰삼세일체제불　수생출가
先導智하며 **住觀察三世一切諸佛**의 **受生出家**와

예도량성정각　　전법륜반열반　　실입찰나제
詣道場成正覺과 **轉法輪般涅槃**이 **悉入刹那際**니라

"과거 미래 현재의 모든 여래께서 법계에 차별 없는 몸과 말과 뜻으로 짓는 업業으로 앞에 서서 지도하는 지혜에 머물며, 삼세의 일체 모든 부처님이 태어나고 출가하고 도량에 나아가서 바른 깨달음을 이루고 법륜을 굴리고 열반에 드심을 관찰하여 찰나의 경계에 들어가는 데 머무느니라."

삼매에 머무르므로 성취하게 되는 덕의 원만한 이익을 널리 밝혔다. 모든 이익이 마음에 장애가 없으므로 이뤄지게 된 것인데 장애 없는 마음이 또 항상 열 가지 큰 법장에 머무는 것을 나타내 보였다. 그 마음이 어디에 머무는가. 모든 부처님을 기억하여 생각하는 데 머물고, 일체 부처님의 법을 기억하여 생각하는 데 머물고, 일체 중생을 조복하는 큰 자비에 머무는 것 등을 나열하여 밝혔다.

佛子야 此十大法藏이 廣大無量하야 不可數며 不可稱이며 不可思며 不可說이며 無窮盡이며 難忍受니 一切世智로 無能稱述이니라

"불자여, 이 열 가지 큰 법장法藏은 크고 넓어 한량이 없으며, 셀 수 없고, 일컬을 수 없고, 생각할 수 없고, 말할 수 없으며, 다할 수 없고, 그대로 참아서 받아들이기 어려우니라. 일체 세간의 지혜로는 능히 일컬어 말할 수 없느니라."

보살이 삼매에 머물러 덕의 원만한 이익을 얻고는 항상 열 가지 큰 법장에 머무는데 그 법장은 광대무량하고, 셀 수 없고, 일컬을 수 없고, 생각할 수 없고, 말할 수 없고, 다할 수 없고, 그대로 참아서 받아들이기 어려워 일체 세간의 지혜로는 능히 일컬어 말할 수 없음을 밝혔다.

불자 차보살마하살   이도보현제행피안
佛子야 **此菩薩摩訶薩**이 **已到普賢諸行彼岸**에

증청정법   지력광대   개시중생무량선근
證淸淨法하야 **志力廣大**하야 **開示衆生無量善根**하며

증장보살일체세력   어염념경   만족보살일
增長菩薩一切勢力하야 **於念念頃**에 **滿足菩薩一**

체공덕   성취보살일체제행
切功德하며 **成就菩薩一切諸行**하며

"불자여, 이 보살마하살은 이미 보현의 행行의 저 언덕에 이르렀으며, 청정한 법을 증득하여 뜻이 광대하며, 중생의 한량없는 착한 뿌리를 열어 보이며, 보살의 모든 세력을 증장하여 잠깐 동안에 보살의 모든 공덕을 만족케 하며, 보살의 모든 행을 성취하며,

득일체불다라니법   수지일체제불소설
得一切佛陀羅尼法하며 **受持一切諸佛所說**하며

수상안주진여실제   이수일체세속언설   시
雖常安住眞如實際나 **而隨一切世俗言說**하야 **示**

현조복일체중생　　　하이고　보살마하살　주
現調伏一切衆生하나니 **何以故**오 **菩薩摩訶薩**이 **住**

차삼매　법여시고
此三昧에 **法如是故**니라

　모든 부처님의 다라니 법을 얻고, 일체 모든 부처님의 말씀하신 것을 받아 지니며, 비록 진여의 실제에 편안히 머물면서도 모든 세속의 말을 따라서 일체 중생을 조복함을 나타내 보이느니라. 무슨 까닭인가. 보살마하살이 이 삼매에 머물면 법이 이와 같기 때문이니라."

　삼매에 머문 보살은 이미 보현행의 저 언덕에 이른 것이 되며, 청정한 법을 증득하였으며, 뜻이 광대하여 중생의 한량없는 선근을 열어 보이는 등 안의 덕이 원만함을 밝혔다.

3〉 위로는 부처님의 과위果位에 포섭되다

불자　보살마하살　이차삼매　득일체불광
佛子야 **菩薩摩訶薩**이 **以此三昧**로 **得一切佛廣**

대지　　득교설일체광대법자재변재　　득일
大智하며 **得巧說一切廣大法自在辯才**하며 **得一**

切世中最爲殊勝淸淨無畏法_{하며} 得入一切三昧
智_{하며} 得一切菩薩善巧方便_{하며}

 "불자여, 보살마하살이 이 삼매로써 일체 부처님의 넓고 큰 지혜를 얻으며, 일체 광대한 법을 교묘하게 설하는 자유로운 변재를 얻으며, 일체 세계의 가장 수승하고 청정하고 두려움이 없는 법을 얻으며, 일체 삼매에 들어가는 지혜를 얻으며, 일체 보살의 교묘한 방편을 얻느니라."

得一切法光明門_{하며} 到安慰一切世間法彼岸_{하며} 知一切衆生時非時_{하며} 照十方世界一切處_{하며} 令一切衆生得勝智_{하며} 作一切世間無上師_{하며} 安住一切諸功德_{하며} 開示一切衆生淸淨三昧_{하야}

영입 최상 지
令入最上智하나니

"일체 법의 광명을 얻으며, 일체 세간을 위로하는 법의 저 언덕에 이르며, 일체 중생의 때와 때 아닌 것을 알고 시방세계의 모든 곳을 비추어 일체 중생으로 하여금 수승한 지혜를 얻게 하며, 일체 세간의 가장 높은 스승이 되고 일체 모든 공덕에 안주하여 일체 중생에게 청정한 삼매를 열어 보여 가장 높은 지혜에 들어가게 하느니라."

보살이 삼매로 얻은 과위果位가 부처님의 과위에 포섭됨을 낱낱이 밝혔다. 일체 부처님의 넓고 큰 지혜를 얻고, 일체 광대한 법을 능숙하게 잘 설하는 자유로운 변재를 얻고, 일체 세계의 가장 수승하고 청정하고 두려움이 없는 법을 얻는 등 부처님과 수행의 과위가 동등해진다. 이와 같은 이유에서 부처님의 깨달음과 동등하다는 뜻의 등각等覺의 지위라고 하는 것이다.

하이고　보살마하살　여시수행　즉이익
何以故오 **菩薩摩訶薩**이 **如是修行**하면 **則利益**

중생　　즉증장대비　　즉친근선지식　　즉견
衆生하며 **則增長大悲**하며 **則親近善知識**하며 **則見**

일체불　　즉요일체법
一切佛하며 **則了一切法**하며

"무슨 까닭인가. 보살마하살이 이와 같이 수행하면 곧 중생을 이익하게 하고, 큰 자비심이 증장하고, 선지식을 친근하고, 모든 부처님을 친견하고, 일체 법을 알고,

즉예일체찰　　즉입일체방　　즉입일체세
則詣一切刹하며 **則入一切方**하며 **則入一切世**하며

즉오일체법평등성　　　즉지일체불평등성
則悟一切法平等性하며 **則知一切佛平等性**하며

즉주일체지평등성
則住一切智平等性하야

일체 세계에 나아가고, 일체 방위에 들어가고, 일체 세상에 들어가고, 일체 법의 평등한 성품을 깨닫고, 일체 부처님의 평등한 성품을 알고, 일체 지혜의 평등한

성품에 머무느니라."

보살이 삼매에 머물러 위로는 부처님의 과위에 포섭되어 일체 법의 광명을 얻고, 일체 세간을 위로하는 법의 저 언덕에 이르고, 일체 중생의 때와 때 아닌 것을 아는 것 등의 까닭을 밝혔다.

於此法中에 作如是業하고 不作餘業하나니 住未足心하며 住不散亂心하며 住專一心하며 住勤修心하며 住決定心하며 住不變異心하야 如是思惟하며 如是作業하며 如是究竟이니라 佛子야 菩薩摩訶薩이 無異語異作하고 有如語如作하나니라

"이 법 가운데서 이와 같은 업을 짓고 다른 업은 짓지 않으며, 아직 부족한 마음에 머물고, 산란하지 않은

마음에 머물고, 한결같은 마음에 머물고, 부지런히 수행하는 마음에 머물고, 결정한 마음에 머물고, 변동하지 않는 마음에 머물러서, 이와 같이 생각하고 이와 같이 업을 짓고 이와 같이 구경에 이르느니라. 불자여, 보살마하살은 다른 말과 다르게 짓는 일이 없고 같은 말과 같이 짓는 일만 있느니라."

보살이 삼매에 머물러 이와 같은 업을 짓고 다른 업은 짓지 않는다는 것은 안과 밖으로 그 덕이 원만하여 일체 지혜에 의하여 보현행을 실천궁행하는 업을 지을 뿐 그 외 일체 다른 업을 짓지 않는다는 것이다. 완전한 보살은 자나 깨나 앉으나 서나 가나 오나 오직 보살행만 할 뿐이다. 차라리 허공은 다함이 있을지언정 보살의 서원은 다함이 없기 때문이다.

4) 부처님의 과위에 포섭됨을 열 가지로 비유하다

하 이 고 비 여 금 강 이 불 가 괴 이 득 기 명
何以故오 **譬如金剛**이 **以不可壞**로 **而得其名**이라

종무유시   이어불괴   보살마하살   역부
終無有時에 離於不壞인달하야 菩薩摩訶薩도 亦復

여시   이제행법   이득기명   종무유시
如是하야 以諸行法으로 而得其名이라 終無有時에

이제행법
離諸行法하며

"무슨 까닭인가. 비유하자면 마치 금강은 깨뜨릴 수 없다는 것으로 그 이름을 얻어서 마침내 어느 때나 깨뜨릴 수 없음을 떠날 수 없는 것과 같으니라. 보살마하살도 또한 그와 같아서 여러 가지 행하는 법으로 그 이름을 얻었으므로 마침내 모든 행하는 법을 떠날 때가 없느니라."

부처님의 과위에 포섭됨을 밝히는 열 가지 비유는 세 번째 과목인 부처님의 과위에 포섭됨을 밝히는 내용 안에 포함되는 작은 과목이지만 번거로움을 피하기 위하여 네 번째 과목으로 삼고, 본래의 네 번째 과목인 "부처님의 과위와 꼭 같다."는 과목은 다섯 번째 과목으로 하였다.

먼저 금강의 비유다. 금강은 다이아몬드다. 다이아몬드

는 견고하기 때문에 다른 물질로는 깨뜨리거나 깎을 수 없다. 오직 다이아몬드로만 다이아몬드를 깎을 수 있다. 그 견고함으로 이름을 얻었듯이 보살은 여러 가지 수행하는 법으로써 영원히 행함으로 보살이라는 이름을 얻었다. 만약 보살행에 단절이 있으면 온전한 보살이 아니기 때문이다.

譬如眞金이 以有妙色으로 而得其名이라 終無有時에 離於妙色인달하야 菩薩摩訶薩도 亦復如是하야 以諸善業으로 而得其名이라 終無有時에 離諸善業하며

"비유하자면 진금은 묘한 색이 있으므로 그 이름을 얻어서 마침내 묘한 색을 떠날 때가 없는 것과 같이, 보살마하살도 또한 그와 같아서 모든 선업善業이라는 이름을 얻었으므로 마침내 모든 선업을 떠날 때가 없느니라."

진금은 묘한 색이 그 특징이듯이 보살은 모든 선업을 닦는 것이 그 특징이다. 선업으로써 보살이라는 이름을 얻었다.

譬_비如_여日_일天_천子_자가 以_이光_광明_명輪_륜으로 而_이得_득其_기名_명이라 終_종無_무有_유時_시에 離_이光_광明_명輪_륜인달하야 菩_보薩_살摩_마訶_하薩_살도 亦_역復_부如_여是_시하야 以_이智_지慧_혜光_광으로 而_이得_득其_기名_명이라 終_종無_무有_유時_시에 離_이智_지慧_혜光_광하며

"비유하자면 태양은 광명바퀴로써 그 이름을 얻었으므로 마침내 광명바퀴를 떠날 때가 없는 것과 같이, 보살마하살도 또한 그와 같아서 지혜의 광명으로 그 이름을 얻었으므로 마침내 지혜의 광명을 떠날 때가 없느니라."

보살이 삼매에 머물러 얻은 과위_{果位}가 부처님의 과위에 포섭됨을 낱낱이 밝히고 다시 열 가지 비유로써 더욱 분명하

게 설한다. 먼저 금강에 비유하고 다음은 진금에 비유하고 이번에는 태양에 비유하였다. 태양이 쉼 없이 빛나듯이 보살의 지혜의 광명도 쉬지 않는다. 즉 보살은 금강이며 진금이며 태양이다.

譬如須彌山王_이 以四寶峯_{으로} 處於大海_{하야}
_{비여 수미산 왕} _{이사 보봉} _{처 어대 해}

迥然高出_로 而得其名_{이라} 終無有時_에 捨離四峯_인
_{형연고출} _{이득기명} _{종무유시} _{사리사봉}

달하야 菩薩摩訶薩_도 亦復如是_{하야} 以諸善根_{으로}
_{보살마하살} _{역부여시} _{이제선근}

處在於世_{하야} 迥然高出_로 而得其名_{이라} 終無有
_{처재어세} _{형연고출} _{이득기명} _{종무유}

時_에 捨離善根_{하며}
_시 _{사리선근}

"비유하자면 수미산은 네 가지 보배로 된 봉우리가 바다 속에서 우뚝 솟았다는 것으로 그 이름을 얻었으므로 마침내 네 봉우리를 떠날 때가 없는 것과 같이, 보살마하살도 또한 그와 같아서 여러 가지 착한 뿌리가 세

상에서 유달리 우뚝하다는 것으로 그 이름을 얻었으므로 마침내 착한 뿌리를 떠날 때가 없느니라."

譬如大地가 以持一切로 而得其名이라 終無有時에 捨離能持인달하야 菩薩摩訶薩도 亦復如是하야 以度一切로 而得其名이라 終無有時에 捨離大悲하며

"비유하자면 땅덩이는 온갖 것을 싣고 있다는 것으로 그 이름을 얻었으므로 마침내 능히 유지하는 일을 떠날 때가 없는 것과 같이, 보살마하살도 또한 그와 같아서 일체 중생을 제도한다는 것으로 그 이름을 얻었으므로 마침내 크게 가엾이 여기는 마음을 떠날 때가 없느니라."

譬如大海가 以含衆水로 而得其名이라 終無有
時에 捨離於水인달하야 菩薩摩訶薩도 亦復如是하야
以諸大願으로 而得其名이라 終不暫捨度衆生願하며

"비유하자면 큰 바다는 여러 강물을 포함하는 것으로 그 이름을 얻었으므로 마침내 물을 떠날 때가 없는 것과 같이, 보살마하살도 또한 그와 같아서 큰 서원으로 그 이름을 얻었으므로 마침내 잠시도 중생을 제도하려는 서원을 버리지 않느니라."

譬如軍將이 以能慣習戰鬪之法으로 而得其名
이라 終無有時에 捨離此能인달하야 菩薩摩訶薩도 亦
復如是하야 以能慣習如是三昧로 而得其名이라 乃

지 성 취 일 체 지 지　　종 무 유 시　　사 리 차 행
至成就一切智智히 **終無有時**에 **捨離此行**하며

"비유하자면 장군은 전쟁을 잘한다는 것으로 그 이름을 얻었으므로 마침내 그 잘하는 것을 버릴 때가 없는 것과 같이, 보살마하살도 또한 그와 같아서 이와 같은 삼매를 잘 닦는다는 것으로 그 이름을 얻었으므로 일체 지혜의 지혜를 성취할 때까지 마침내 이러한 행을 버릴 때가 없느니라."

　　여 전 륜 왕　　어 사 천 하　　상 근 수 호 일 체 중 생
如轉輪王이 **馭四天下**에 **常勤守護一切衆生**하야

영 무 횡 사　　　항 수 쾌 락　　　　보 살 마 하 살　　역
令無橫死하고 **恒受快樂**인달하야 **菩薩摩訶薩**도 亦

부 여 시　　　입 여 시 등 제 대 삼 매　　상 근 화 도 일 체
復如是하야 **入如是等諸大三昧**에 **常勤化度一切**

중 생　　　내 지 영 기 구 경 청 정
衆生하야 **乃至令其究竟淸淨**하며

"비유하자면 전륜왕은 사천하를 통치하면서 일체 중

생을 항상 부지런히 잘 보호하여 횡사하는 일이 없고 항상 즐거움을 받게 하는 것과 같이, 보살마하살도 또한 그와 같아서 이러한 모든 큰 삼매에 들어가 일체 중생을 항상 부지런히 교화하여 끝까지 청정하게 하느니라."

비여종자 식지어지 내지능령경엽증장
譬如種子를 **植之於地**에 **乃至能令莖葉增長**

보살마하살 역부여시 수보현행
인달하야 **菩薩摩訶薩**도 **亦復如是**하야 **修普賢行**하야

내지능령일체중생 선법증장
乃至能令一切衆生으로 **善法增長**하며

"비유하자면 씨앗을 땅에 심으면 줄기와 잎이 자라나는 것과 같이, 보살마하살도 또한 그와 같아서 보현의 행을 닦아서 일체 중생으로 하여금 착한 법이 자라게 하느니라."

비여대운 어하서월 강주대우 내지증
譬如大雲이 **於夏暑月**에 **降霔大雨**하야 **乃至增**

장일체종자　　　　보살마하살　　역부여시
長一切種子인달하야 菩薩摩訶薩도 亦復如是하야

입여시등제대삼매　　수보살행　　우대법우
入如是等諸大三昧에 修菩薩行하야 雨大法雨하야

"비유하자면 큰 구름이 여름에 큰비를 내려서 온갖 종자를 자라게 하는 것과 같이, 보살마하살도 또한 그와 같아서 이와 같은 큰 삼매에 들어서 보살의 행을 닦고 큰 법의 비를 내리느니라."

또 삼매에 머문 보살은 수미산이며, 대지大地며, 큰 바다다. 보살은 또 장군이며, 전륜왕이며, 종자種子며, 큰 구름이다. 삼매에 머문 보살은 이와 같이 인간세상에서 무엇으로 비유하더라도 다 표현할 수 없다.

내지능령일체중생　　　구경청정　　　구경열
乃至能令一切衆生으로 究竟淸淨하며 究竟涅

반　　　구경안은　　　구경피안　　　구경환희　　　구
槃하며 究竟安隱하며 究竟彼岸하며 究竟歡喜하며 究

竟　단　의　　　위　제　중　생　　　구　경　복　전
竟斷疑하며 **爲諸衆生**의 **究竟福田**하며

 "내지 일체 중생으로 하여금 한껏 청정하고 한껏 열반하고 한껏 편안하고 한껏 저 언덕에 이르고 한껏 즐겁고 한껏 의심을 끊게 하며, 모든 중생의 구경의 복밭이 되느니라."

영　기　시　업　　　개　득　청　정　　　영　기　개　주　불　퇴　전
令其施業으로 **皆得淸淨**하며 **令其皆住不退轉**

도　　　영　기　동　득　일　체　지　지　　　영　기　개　득　출　리　삼
道하며 **令其同得一切智智**하며 **令其皆得出離三**

계　　　영　기　개　득　구　경　지　지　　　영　기　개　득　제　불　여
界하며 **令其皆得究竟之智**하며 **令其皆得諸佛如**

래　구　경　지　법　　　치　제　중　생　일　체　지　처
來究竟之法하며 **置諸衆生一切智處**니라

 "그들로 하여금 보시하는 일을 청정케 하며, 그들로 하여금 물러나지 않는 도에 머물게 하며, 그들로 하여금 한 가지로 일체 지혜의 지혜를 얻게 하며, 그들로 하여금 삼계에서 벗어나게 하며, 그들로 하여금 구경의

지혜를 얻게 하며, 그들로 하여금 모든 부처님의 구경의 법을 얻게 하며, 모든 중생들을 일체 지혜의 곳에 이르게 하느니라."

삼매에 머문 보살은 열 가지로 비유해야 비로소 그 위대함을 알 수 있게 된다. 그와 같이 위대한 보살은 일체 중생으로 하여금 한껏 청정하고, 한껏 열반하고, 한껏 편안하고, 한껏 저 언덕에 이르고, 한껏 즐겁고, 한껏 의심을 끊게 하며, 모든 중생의 구경의 복밭, 최고의 복밭이 된다. 그래서 중생들로 하여금 보시하는 일을 청정케 하며, 물러나지 않는 도에 머물게 하며, 한 가지로 일체 지혜의 지혜를 얻게 하는 등의 일을 성취하게 한다. 실로 이 보살은 부처님의 과위果位에 포섭된다는 사실을 분명히 하였다.

하이고　　보살마하살　　성취차법　　지혜명료
何以故오 **菩薩摩訶薩**이 **成就此法**에 **智慧明了**하야

입법계문　　능정보살불가사의무량제행
入法界門하야 **能淨菩薩不可思議無量諸行**하나니

"무슨 까닭인가. 보살마하살이 이 법을 성취하면 지혜가 명료해서 법계의 문에 들어가 보살의 불가사의한 한량없는 행行을 능히 깨끗이 하느니라."

소위능정제지 구일체지고 능정중생
所謂能淨諸智하야 **求一切智故**며 **能淨衆生**하야

사조복고 능정찰토 상회향고 능정제법
使調伏故며 **能淨刹土**하야 **常廻向故**며 **能淨諸法**

보요지고 능정무외 무겁약고
하야 **普了知故**며 **能淨無畏**하야 **無怯弱故**며

"이른바 모든 지혜를 깨끗이 하나니 일체 지혜를 구하는 연고며, 능히 중생을 깨끗이 하나니 조복케 하는 연고며, 능히 국토를 깨끗이 하나니 항상 회향하는 연고며, 능히 모든 법을 깨끗이 하나니 널리 아는 연고며, 능히 두려움 없음을 깨끗이 하나니 겁약함이 없는 연고며,

능정무애변 교연설고 능정다라니
能淨無礙辯하야 **巧演說故**며 **能淨陀羅尼**하야

어일체법   득자재고   능정친근행   상견일
於一切法에 **得自在故**며 **能淨親近行**하야 **常見一**

체불흥세고
切佛興世故니라

 능히 걸림 없는 변재를 깨끗이 하나니 교묘하게 연설하는 연고며, 능히 다라니를 깨끗이 하나니 일체 법에 자유로움을 얻는 연고며, 능히 친근한 행을 깨끗이 하나니 항상 모든 부처님이 세상에 출현하심을 보는 연고이니라."

 삼매에 머문 보살의 덕을 열 가지 비유로써 밝히고 다시 그 까닭을 설하였다. 보살이 이 법을 성취하면 지혜가 명료해서 법계의 문에 들어가 보살의 불가사의한 한량없는 행을 능히 깨끗이 하는 내용들이다.

   불자   보살마하살   주차삼매   득여시등백
佛子야 **菩薩摩訶薩**이 **住此三昧**에 **得如是等百**

천억나유타불가설불가설청정공덕   어여
千億那由他不可說不可說淸淨功德하나니 **於如**

시등삼매경계 득자재고   일체제불   소가피
是等三昧境界에 得自在故며 一切諸佛의 所加被

고   자선근력지소류고
故며 自善根力之所流故며

 "불자여, 보살마하살이 이 삼매에 머물면 이와 같은 백천억 나유타 말할 수 없이 말할 수 없는 청정한 공덕을 얻나니, 이와 같은 삼매의 경계에 자재함을 얻는 연고며, 일체 모든 부처님이 가피하는 연고며, 자기의 선근의 힘으로 흘러나온 연고며,

 입지혜지대위력고   제선지식   인도력고
入智慧地大威力故며 諸善知識의 引導力故며

최복일체제마력고   동분선근   순정력고   광
摧伏一切諸魔力故며 同分善根의 淳淨力故며 廣

대서원욕락력고   소종선근성취력고   초제세
大誓願欲樂力故며 所種善根成就力故며 超諸世

간무진지복무대력고
間無盡之福無對力故니라

 지혜 있는 지위에 들어간 큰 위엄인 연고며, 여러 선

지식의 인도하는 힘인 연고며, 일체 모든 마군을 꺾어 항복받는 연고며, 다 같이 선근이 청정하여진 힘인 연고며, 광대한 서원과 욕망의 힘인 연고며, 심어 놓은 선근이 성취하는 힘인 연고며, 모든 세간을 초월한 그지없는 복에 상대가 없는 힘인 연고이니라."

보살이 삼매에 머물러 이와 같은 백천억 나유타 말할 수 없이 말할 수 없는 청정한 공덕 얻음을 널리 결론 맺으면서 거듭 밝혔다.

5〉부처님의 과위果位와 꼭 같다

불자 보살마하살 주차삼매 득십종법
佛子야 **菩薩摩訶薩**이 **住此三昧**에 **得十種法**이

동거래금일체제불 하자 위십 소위득
同去來今一切諸佛하나니 **何者**가 **爲十**고 **所謂得**

제상호종종장엄 동어제불 능방청정대광
諸相好種種莊嚴이 **同於諸佛**하며 **能放淸淨大光**

명망 동어제불
明網이 **同於諸佛**하며

"불자여, 보살마하살이 이 삼매에 머물러서는 열 가지 법을 얻어서 과거 미래 현재의 일체 모든 부처님들과 같게 되나니, 무엇이 열인가. 여러 가지 상호相好를 가지가지로 장엄하는 것이 모든 부처님과 같고, 청정한 큰 광명 그물을 놓음이 모든 부처님과 같고,

神通變化로 調伏衆生이 同於諸佛하며 無邊色身과 淸淨圓音이 同於諸佛하며 隨衆生業하야 現淨佛國이 同於諸佛하며

신통변화로 중생을 조복함이 모든 부처님과 같고, 그지없는 몸매와 청정한 음성이 모든 부처님과 같고, 중생의 업을 따라 깨끗한 국토를 나타냄이 모든 부처님과 같고,

一切衆生의 所有語言을 皆能攝持하야 不忘不失이 同於諸佛하며 無盡辯才로 隨衆生心하야 而轉法輪하야 令生智慧가 同於諸佛하며

일체 중생의 여러 종류의 말을 다 능히 포섭하여 가져서 잊지 않고 잃지 않음이 모든 부처님과 같고, 다함이 없는 변재로 중생의 마음을 따라서 법륜을 굴리어 지혜를 생기게 함이 모든 부처님과 같고,

大獅子吼가 無所怯畏하야 以無量法으로 開悟群生이 同於諸佛하며 於一念頃에 以大神通으로 普入三世가 同於諸佛하며 普能顯示一切衆生諸佛莊嚴과 諸佛威力과 諸佛境界가 同於諸佛이니라

크게 사자후하여 두려움 없으며 한량없는 법으로 중생을 깨우침이 모든 부처님과 같고, 잠깐 동안에 큰 신통으로 세 세상에 두루 들어감이 모든 부처님과 같고, 일체 중생에게 모든 부처님의 장엄과 모든 부처님의 위력과 모든 부처님의 경계를 나타내 보이는 것이 모든 부처님과 같으니라."

보살이 이 삼매에 머물러서는 열 가지 법을 얻어서 과거 미래 현재의 모든 부처님과 같게 된 것을 낱낱이 밝혔다. 등각위等覺位란 보살의 일체 공덕이 부처님[覺]과 꼭 같다는 뜻으로 '등각'이라 한다. 열 가지를 들었다. 먼저 상호相好장엄이 모든 부처님과 같고, 청정한 큰 광명이 모든 부처님과 같고, 신통변화로 중생을 조복함이 모든 부처님과 같고, 그지없는 몸매와 청정한 음성이 모든 부처님과 같은 것 등이다.

6) 보현보살과 문답으로 가려서 밝히다

〈1〉 보안普眼보살이 법을 묻다

爾時에 普眼菩薩이 白普賢菩薩言하사대 佛子야 此菩薩摩訶薩이 得如是法하야 同諸如來인댄 何故로 不名佛이며 何故로 不名十力이며 何故로 不名一切智며 何故로 不名一切法中得菩提者며 何故로 不得名爲普眼이며

그때에 보안普眼보살이 보현普賢보살에게 말하였습니다. "불자시여, 이 보살마하살이 이와 같은 법을 얻어 여래와 같다고 한다면 어찌하여 부처님[佛]이라 하지 않으며, 어찌하여 열 가지 힘[十力]이라 하지 않으며, 어찌하여 일체 지혜[一切智]라 하지 않으며, 어찌하여 일체 법 가운데서 보리菩提를 얻은 이라 하지 않으며, 어찌하여 넓은 눈[普眼]이라 하지 않습니까?"

여기에 등장하는 보안보살의 질문은 대단히 중요하다. "불교의 궁극적 목표가 무엇인가?"라는 문제를 밝히는 내용이다. 즉 불교는 "부처님이 목적인가, 보살이 목적인가?"라는 질문에 대한 대답이다. 대승불교이며 불교 궁극적 가르침인 화엄경이므로 이와 같은 문제를 제기하는 것이다. 심지어 법화경도 이와 같은 문제는 제기하지 않았다.

보안보살이 열거한 이름은 모두 부처님에 해당하는데 등각等覺의 지위에 올라 삼매에 머문 보살이 부처님과 꼭 같은 수행을 하고 꼭 같은 공덕과 꼭 같은 능력을 갖추었으면서 그렇게 부르지 않는 것은 무슨 까닭인가? 즉 삼매에 머문 보살이 모든 법을 얻어 여래와 꼭 같다고 하면서 어찌하여 부처님[佛]이라 하지 않는가? 왜 또 열 가지 힘과 일체 지혜와 보리와 보안普眼이라고 부르지 않는가? 위에서 이미 부처님의 과위果位와 꼭 같다고 하지 않았는가? 부처님과 과위가 꼭 같다면 부처님이 아닌가? 열 가지 힘이 아닌가? 일체 지혜가 아닌가? 보리가 아닌가? 넓은 눈[普眼]이 아닌가?

하고 불명일체경중무애견자 하고 불명
何故로 不名一切境中無礙見者며 何故로 不名
각일체법 하고 불명여삼세불 무이주자
覺一切法이며 何故로 不名與三世佛로 無二住者며
하고 불명주실제자 하고 수행보현행원
何故로 不名住實際者며 何故로 修行普賢行願을
유미휴식 하고 불능구경법계 사보살도
猶未休息이며 何故로 不能究竟法界에 捨菩薩道
니잇고

"어찌하여 일체 경계 가운데서 걸림이 없이 보는 이
라 하지 않으며, 어찌하여 일체 법을 깨달았다 하지 않
으며, 어찌하여 삼세 부처님으로 더불어 둘이 없이 머
문 이[無二住者]라 하지 않으며, 어찌하여 실제實際에 머문
이라 하지 않으며, 어찌하여 보현의 행과 원을 수행하
여 오히려 아직도 쉬지 않으며, 어찌하여 법계의 저 끝
까지 보살의 도를 버리지 아니합니까?"

보살의 수행이 열 가지 삼매에 머무르므로 그 과위가 부
처님과 꼭 같다면 왜 일체 경계 가운데서 걸림이 없이 보는
이라 하지 않는가? 왜 일체 법을 깨달았다 하지 않는가? 왜

삼세 부처님으로 더불어 둘이 없이 머문 이라 하지 않는가? 왜 실제實際에 머문 이라 하지 않는가? 왜 보현의 행과 원을 수행하여 오히려 아직도 쉬지 않으며, 왜 법계의 저 끝까지 보살의 도를 버리지 아니하는가? 부처님의 수행과 공덕을 다 갖추고 나서 비로소 보살행을 제대로 펼칠 수 있다는 대승보살불교의 높은 취지를 나타내려고 하는 보안보살의 질문이다.

그러나 실로 사람 사람의 본질인 차별 없는 참사람에게는 본래로 부처님과 열 가지 힘[十力]과 일체 지혜[一切智]와 일체 법 가운데서 보리를 얻음과 넓은 눈[普眼]과 일체 경계 가운데서 걸림이 없이 보는 일과 일체 법을 깨달음과 삼세 부처님으로 더불어 둘이 없이 머무름과 실제實際에 머무름과 보현의 행과 법계의 저 끝까지 보살의 도를 버리지 아니함이 다 갖춰져 있다는 사실을 알아야 한다. 다만 본래 있는 것을 드러낼 뿐이다.

⟨2⟩ 보현普賢보살이 답하다

爾時ᅄ 普賢菩薩ᅵ 告普眼菩薩言ᄒᆞ사대 善哉라
佛子ᅌᆞ 如汝所言ᄒᆞ야 若此菩薩摩訶薩ᅵ 同一切
佛ᅵᆫ댄 以何義故로 不名爲佛ᅵ며 乃至不能捨菩薩
道ᄋᆞ

그때에 보현보살이 보안보살에게 말하였습니다. "훌륭하십니다[善哉], 불자시여. 그대가 말한 바와 같이 '만약 이 보살마하살이 일체 부처님과 같다면 무슨 뜻으로 부처님이라 이름하지 않으며 내지 보살의 도를 버리지 않는다.'라고 하는가."

보안보살이 의심하고 물은 내용을 보현보살이 거듭 거론하고 나서 아래에 하나하나 그 뜻을 밝혀 나간다. 즉 수행의 과위는 부처님과 꼭 같아서 부족함이 없는데도 계속해서 보살이라고 부르는 까닭을 설명하는 내용이다.

불자 차보살마하살 이능수습거래금세일
佛子야 此菩薩摩訶薩이 已能修習去來今世一

체보살종종행원 입지경계 즉명위불
切菩薩種種行願하야 入智境界일새 則名爲佛이요

어여래소 수보살행 무유휴식 설명보살
於如來所에 修菩薩行하야 無有休息일새 說名菩薩
이며

"불자여, 이 보살마하살이 이미 과거 미래 현재 세상의 일체 보살의 갖가지 행行과 원願을 닦아서 지혜의 경계에 들어갔으므로 곧 '부처님'이라고 이름해야 하지만, 부처님이 계신 데서 보살의 행을 닦아서 쉬지 않으므로 보살이라 이름하느니라."

불교에는 초기불교, 근본불교, 소승불교, 원시불교, 부파불교, 상좌부불교, 대중부불교, 초기 대승불교, 중기 대승불교, 후기 대승불교, 비밀불교, 다시 중국으로 건너오면 선불교, 또 한국에서는 호국불교, 기도불교, 기복불교, 인간불교 등등 헤아릴 수 없이 많다.

어떤 불교인지 어떤 경전을 의지하고 불교를 말하는가에

따라서 그 의미는 크게 차이가 난다. 모두 다 제 나름대로 뜻하는 바와 목적하는 바가 있겠으나 그 가운데서 부처님의 뜻에 가장 잘 맞고, 가장 이상적이며, 가장 바람직한 불교를 화엄경에 근거하여 설정한다면 대승보살불교라고 할 것이다. 대승보살불교는 오로지 중생 교화를 위한 불교이다.

만약 부처님 가르침[佛敎] 본래의 목적을 중생을 교화하고 제도하는 것이라고 한다면 견성도 성불도 열반도 해탈도 모두 중생을 교화하고 제도하기 위한 준비 과정이라고 보아야 할 것이다. 즉 중생 교화를 위해서 견성하고 성불하고 열반하고 해탈하는 것이다. 그러므로 보살의 수행이 부처님과 꼭 같다 하더라도 수행하는 본래의 목적이 중생 교화라면 중생을 교화하는 사람들 중에 가장 이상적인 소임자의 이름은 보살이기 때문에 부처님이라 하지 않고 보살이라고 부르는 것이다. 이것이 보현보살의 답이다.

여래제력 개실이입 즉명십력 수성십
如來諸力에 **皆悉已入**일새 **則名十力**이요 **雖成十**

력　　행보현행　　이무휴식　　설명보살
力이나 行普賢行하야 而無休息일새 說名菩薩이며

"여래의 모든 힘에 다 이미 들어갔으면 곧 '열 가지 힘[十力]'이라 하고, 비록 열 가지 힘을 성취하였으나 보현의 행을 닦아서 쉬지 않으므로 보살이라 이름하느니라."

또 부처님을 달리 '열 가지 힘'이라고 부른다. 보살이 비록 이 열 가지 힘을 갖추었더라도 보현의 행을 닦아서 쉬지 않으므로 보살이라 하고 부처님이니 열 가지 힘이니 하지 않는다. 보살은 이미 부처님의 경지를 넘어섰기 때문이다. 화엄 대승보살불교에서는 부처님이 궁극의 경지가 아니고 보살이다. 부처님은 대승보살이 되기 위한 중간 과정이다.

지일체법　　이능연설　　명일체지　　수능
知一切法하야 而能演說일새 名一切智요 雖能

연설일체제법　　어일일법　　선교사유　　미상
演說一切諸法이나 於一一法에 善巧思惟하야 未嘗

止息_{일새} 說名菩薩_{이며}
　^{지식}　　　^{설명보살}

"일체 법을 알고 능히 연설하면 '일체 지혜'라 이름하고, 비록 일체 모든 법을 능히 연설하면서도 낱낱 법에 잘 사유하여 아직 쉬지 않으므로 보살이라 이름하느니라."

또 부처님을 달리 '일체 지혜'라고 부른다. 보살이 비록 일체 지혜를 갖추어 모든 법을 능히 연설하면서도 낱낱 법에 잘 사유하여 아직 쉬지 않으므로 보살이라 이름한다. 보살은 중생을 교화하고 제도하는 사람이기 때문이다. 부처님도 중생을 교화할 때는 그 소임이 보살이기 때문이다. 대승 보살불교는 이것이 본래의 참모습이다.

知一切法_이 無有二相_{일새} 是則說名悟一切法
　^{지일체법}　　^{무유이상}　　　^{시즉설명오일체법}

_{이요} 於二不二一切諸法差別之道_에 善巧觀察_{하야}
　　^{어이불이일체제법차별지도}　　　^{선교관찰}

전전증승 무유휴식 설명보살
展轉增勝하야 **無有休息**일새 **說名菩薩**이며

"일체 법의 두 모양이 없음을 알므로 이것을 곧 '일체 법을 깨달았다.' 이름하고, 둘이며 둘이 아닌 일체 모든 법의 차별한 길을 교묘하게 관찰하고 점점 더 수승하게 하여 쉬지 않으므로 보살이라 이름하느니라."

법성은 원융해서 두 가지 모양이 없다. 현상은 천차만별로 차별하지만 그 본성은 차별한 것이 아니다. 이러한 이치를 잘 관찰하여 더욱 수승하여지고 또한 쉬지 않으므로 보살이라 한다. 이미 그와 같은 부처님의 경지에 이르렀으나 그 경지에 멈춰 있지 않고 쉬지 않고 정진하는 것이 보살의 이상적인 모습이다. 만약 어느 경지에 올랐다고 해서 쉰다면 이는 보살이 아니다.

이능명견보안경계 설명보안 수능증
已能明見普眼境界일새 **說名普眼**이요 **雖能證**

득보안경계 염념증장 미증휴식 설명
得普眼境界나 **念念增長**하야 **未曾休息**일새 **說名**

보살
菩薩이며

"이미 능히 넓은 눈의 경계를 밝게 봄으로 '넓은 눈'이라 이름하고, 비록 능히 넓은 눈의 경계를 증득하였으나 잠깐잠깐마다 증장하여 쉬지 않으므로 보살이라 이름하느니라."

넓은 눈의 경계를 밝게 봄으로 '넓은 눈'이라 하는 것도 또한 부처님의 경지이다. 이미 이와 같은 부처님의 경지에 이르렀으나 더욱더 증장하여 쉬지 않으므로 보살이라 한다.

어일체법 실능명조 이제암장 명무
於一切法에 **悉能明照**하야 **離諸闇障**일새 **名無**

애견 상근억념무애견자 설명보살
礙見이요 **常勤憶念無礙見者**일새 **說名菩薩**이며

"일체 법을 다 잘 비추어 모든 어둠을 떠났으므로

'걸림 없이 보는 이'라 하고, 걸림 없이 보는 이를 항상 부지런히 생각하므로 보살이라 이름하느니라."

부처님은 일체 법에 대해서 걸림 없이 본다. 만약 일체 법에 걸림이 있으면 부처님이라 할 수 없다. 이와 같은 경지에 이르렀으므로 부처님을 또한 '걸림 없이 보는 이'라고 하지만 그것에 멈추지 않고 항상 부지런히 걸림 없이 보는 부처님을 생각하므로 보살이라 한다.

이 득 제 불 지 혜 지 안   시 즉 설 명 각 일 체 법
已得諸佛智慧之眼일새 **是則說名覺一切法**이요

관 제 여 래 정 각 지 안   이 불 방 일   설 명 보 살
觀諸如來正覺智眼하야 **而不放逸**일새 **說名菩薩**이며

"모든 부처님의 지혜의 눈을 얻었으므로 곧 '일체 법을 깨달았다.'고 이름하고, 모든 여래의 바른 깨달음의 지혜의 눈을 관찰하여 방일하지 않으므로 보살이라 이름하느니라."

일체 법을 깨달았으나 모든 여래의 바른 깨달음의 지혜의 눈을 관찰하여 방일하지 않으므로 보살이라 한다. 보살은 이와 같이 쉬지 않고 깨달음의 지혜를 관찰한다.

주불소주 여불무이 설명여불무이주
住佛所住하야 **與佛無二**일새 **說名與佛無二住**

자 위불섭수 수제지혜 설명보살
者요 **爲佛攝受**하야 **修諸智慧**일새 **說名菩薩**이며

"부처님이 머무는 데 머물러 부처님으로 더불어 둘이 아니므로 '부처님과 둘이 없이 머문 이'라 이름하고, 부처님의 거두어 주심을 받아 모든 지혜를 닦으므로 보살이라 이름하느니라."

만약 보살이 부처님이 머무는 경지에 머무르면 그대로 부처님과 다르지 않고 둘이 아니다. 그러면서 계속하여 부처님의 섭수함을 받고 모든 지혜를 닦으면 그것이 바람직한 보살행이다. 그래서 가장 아름다운 이름인 보살이라 한다.

상관일체세간실제　　시즉설명주실제자
常觀一切世間實際일새 是則說名住實際者요

수상관찰제법실제　　이부증입　　역불사리
雖常觀察諸法實際나 而不證入하고 亦不捨離일새

설명보살
說名菩薩이며

"일체 세간의 실제를 항상 관찰하므로 곧 '실제에 머문 이'라 이름하고, 비록 모든 법의 실제를 항상 관찰하면서도 증득하지 않고 또한 버리지도 않으므로 보살이라 이름하느니라."

부처님을 또한 실제에 머문 이라 한다. 보살은 비록 모든 법의 실제를 항상 관찰하면서도 그 실제를 증득하지 않고 또한 버리지도 않으므로 진정한 보살이다.

불래불거　　무동무이　　차등분별　　실개
不來不去하고 無同無異하야 此等分別을 悉皆

영식　　시즉설명휴식원자
永息일새 是則說名休息願者요

"오지도 않고 가지도 않으며, 같지도 않고 다르지도 않아서 이러한 분별을 아주 쉬었으므로 '원을 쉬어 버린 이'라 이름하느니라."

여기에서 '원을 쉬어 버린 이[休息願者]'는 공空과 무상無相과 무작無作과 무원無願의 뜻이다. 즉 욕구와 목적과 욕망을 갖지 않는 것을 말한다. 아래에 나오는 보현의 원과는 다르다. 그래서 원을 쉬어 버린 이라고 하였다.

廣大修習하야 圓滿不退일새 則名未息普賢願者며 了知法界의 無有邊際와 一切諸法의 一相無相일새 是則說名究竟法界에 捨菩薩道요

"광대하게 닦아 원만하고도 물러나지 않으므로 '보현의 원願을 쉬지 않는 이'라 이름하고, 법계는 변제가 없어 일체 모든 법이 한 모양이며 모양이 없음을 알므

로 곧 '법계의 저 끝까지 보살의 도를 버렸다.'라고 이름하느니라."

보살행을 광대하게 닦아서 원만하지만 보살행에서 물러서지 않으면 그것은 보현의 원을 쉬지 않은 것이다. 그러나 또 법계가 변제가 없으면 그것은 한 모양이며, 한 모양이란 모양이 없다는 뜻이다. 모양이 없다는 것은 공空과 무상無相과 무작無作과 무원無願의 뜻과 같아서 법계의 저 끝까지 보살의 도를 행할 것이 없게 된 것이다. 그래서 '법계의 저 끝까지 보살의 도를 버렸다.'라고 한 것이다.

이 내용은 비록 존재의 실상을 보는 견해는 높지만 모양이 없는 가운데 가지가지 차별한 모양을 보아서 널리 중생을 제도해야 한다는 중도적 안목으로 보살행을 해야 하는 일이 없으므로 '보살의 도를 버렸다.'라고 한 것이다.

수 지 법 계 무 유 변 제   이 지 일 체 종 종 이 상
雖知法界無有邊際나 而知一切種種異相하야

기대비심   도제중생   진미래제   무유피
起大悲心하야 度諸衆生호대 盡未來際토록 無有疲

염   시즉설명보현보살
厭일새 是則說名普賢菩薩이니라

"비록 법계가 변제가 없음을 알지마는 그러나 일체 가지가지 다른 모양을 알고, 크게 가엾이 여기는 마음을 내어 모든 중생을 제도하되 오는 세월이 끝나도록 싫어하지 않으므로 곧 '보현보살'이라 이름하느니라."

삼매를 원만히 성취한 진정한 보살은 비록 법계가 변제가 없음을 알지만 그러나 일체 가지가지 다른 모양을 알고, 크게 가엾이 여기는 마음을 내어 모든 중생을 제도하되 오는 세월이 끝나도록 싫어하지 않는다. 이것이 부처님의 과정을 다 끝내고 나서 다시 보살로 돌아온 사람이다. 이 사람은 세상에서 가장 위대하고 이상적인 인격자인 대승보살이다. 진정으로 차원 높은 불교는 이와 같은 사람을 만들고 이와 같은 사람을 기다린다. 앞의 경문에서 "무슨 까닭으로 부처님의 경지에 이미 이르렀으나 다시 보현보살의 행과 원을 닦아서 쉬지 않으며, 무슨 까닭으로 법계 끝까지 보살도를

버리지 않는가?"라는 의문에 대한 해답이다.

⟨3⟩ 비유를 들어 밝히다

佛子_야 譬如伊羅鉢那象王_이 住金脇山七寶窟
中_에 其窟周圍_가 悉以七寶_로 而爲欄楯_{하고} 寶多
羅樹_가 次第行列_{하며} 眞金羅網_{으로} 彌覆其上_{하며}

"불자여, 비유하자면 마치 이나발나伊羅鉢那 코끼리가 금협산金脇山 칠보굴 속에 있는데, 굴의 주위는 모두 칠보로 난간이 되고, 보배 다라나무가 차례로 줄지었으며, 진금 그물이 위에 덮이었고,

象身潔白_이 猶如珂雪_{이어든} 上立金幢_{하야} 金爲
瓔珞_{하며} 寶網覆鼻_{하고} 寶鈴垂下_{하며} 七支成就_{하고}

육아구족   단정충만   견자흔락   조량선
六牙具足하며 **端正充滿**하야 **見者欣樂**하며 **調良善**

순   심무소역
順하야 **心無所逆**이라가

    코끼리의 몸은 깨끗하여 마치 눈과 같고, 위에 금으로 된 당기를 세웠는데, 금으로 영락이 되고 보배 그물로 코를 덮고 보배 방울을 드리웠으며, 일곱 기둥을 이루고 여섯 어금니가 구족하여 단정하고 원만하여, 보는 이마다 기뻐하며 길이 잘 들었고 순하여 거스르려는 마음이 없느니라."

    보살이 삼매로써 일체 수행과 공덕이 부처님과 꼭 같은데 부처님이라 부르지 않고 보살이라고 부르는 문제에 대해 보안보살과 보현보살이 문답으로 법을 설하고 다시 그 뜻을 분명히 하려고 비유를 들어 밝혔다. 이나발나伊羅鉢那라는 코끼리의 이야기다. 이 코끼리가 금협산의 칠보굴 속에서는 변화하는 일이 없지만 삼십삼천에 이르러 제석천왕에게 공양하기 위하여 갖가지 즐거운 것을 변화하여 만들며 천신들처럼 꼭 같이 즐거움을 받듯이 보살도 부처님과 그 공덕이

꼭 같지마는 중생들의 교화를 위해서 다시 온갖 보살행을 펼친다는 내용이다.

若天帝釋이 將欲遊行하면 爾時象王이 即知其
意하고 便於寶窟에 而沒其形하야 至忉利天釋主
之前하야 以神通力으로 種種變現하야 令其身으로
有三十三頭하며 於一一頭에 化作六牙하며 於一一
牙에 化作七池하며 一一池中에 有七蓮華하며 一一
華中에 有七婇女하야 一時俱奏百千天樂이어든

"만약 제석천왕이 행차를 하려 하면 그때에 코끼리가 벌써 그 뜻을 알고 곧 칠보굴에서 형상을 감추고 도리천에 이르러 제석천왕 앞에서 신통력으로써 갖가지로 변하는데, 몸에는 33개의 머리가 있고 머리마다 여섯 개의 어금니가 있으며, 낱낱 어금니마다 일곱 개의 못이 있고 못마다 일곱 연꽃이 있으며, 낱낱 연꽃에는 일곱 채녀婇女가 있어 한꺼번에 백천 가지 하늘 풍류를 연주하느니라."

코끼리가 일곱 기둥을 이루고 여섯 어금니가 구족하여 단정하고, 몸에는 33개의 머리가 있고 머리마다 여섯 개의 어금니가 있다는 것 등은 삼매에 머문 보살이 보현보살의 행과 원과 모든 삼매를 닦는 것으로 보배의 장엄거리를 삼고, 일곱 가지 보리[七菩提]의 부분법으로 보살의 몸을 삼으며, 몸에서 놓는 광명으로 그물이 되는 것 등을 비유하였다.

시시제석 승자보상   종난승전   왕예
是時帝釋이 **乘茲寶象**하고 **從難勝殿**으로 **往詣**

화원 분타리화   변만기중
華園에 **芬陀利華**가 **徧滿其中**이라

"이때에 제석천왕은 이 보배코끼리를 타고 난승전難勝殿에서부터 꽃동산에 나아가면 흰 연꽃이 동산에 만발하였느니라."

시시제석 지화원이 종상이하   입어일
是時帝釋이 至華園已에 從象而下하야 入於一

체보장엄전   무량채녀   이위시종   가영
切寶莊嚴殿하야 無量婇女로 以爲侍從하고 歌詠

기악   수제쾌락
妓樂으로 受諸快樂이러라

"이때에 제석천왕이 꽃동산에 가서는 코끼리에서 내려 일체보장엄전-切寶莊嚴殿에 들어가 한량없는 채녀가 시중들고, 노래와 풍류로 모든 쾌락을 즐기느니라."

이시상왕   부이신통   은기상형   현작천
爾時象王이 復以神通으로 隱其象形하고 現作天

신   여삼십삼천   급제채녀   어분타리화원
身하야 與三十三天과 及諸婇女로 於芬陀利華園

지내   환오희락   소현신상   광명의복   왕
之內에 歡娛戲樂하니 所現身相과 光明衣服과 往

二十七. 십정품十定品 4

래진지　　　어소관첨　　　개여피천　　　　등무유이
來進止와 語笑觀瞻이 皆如彼天하야 等無有異라

무능분별차상차천　　　상지여천　　갱호상사
無能分別此象此天하야 象之與天이 更互相似하니

"그때에 코끼리는 다시 신통으로 코끼리의 몸을 숨기고 천신天神의 몸이 되어, 삼십삼천의 사람들과 채녀들과 더불어 흰 연꽃이 만발한 동산에서 즐겁게 노는데, 나타낸 몸매나 광명이나 의복이나 오고 가는 거동과 말하고 웃고 바라보는 것이 모두 저 천신들과 조금도 다름이 없으며, 코끼리인지 천신인지 분별할 수 없으리만큼 코끼리와 천신들이 서로 흡사하니라."

　　　불자　　피이나발나상왕　　어금협산칠보굴
　　　佛子야 彼伊羅鉢那象王이 於金脇山七寶窟

중　　무소변화　　　지어삼십삼천지상　　　위욕
中에 無所變化하고 至於三十三天之上하야 爲欲

공양석제환인　　화작종종제가락물　　　수천
供養釋提桓因하야 化作種種諸可樂物하야 受天

쾌 락   여 천 무 이
快樂이 **與天無異**인달하니라

"불자여, 이 이나발나 코끼리가 금협산의 칠보굴 속에서는 변화하는 일이 없지마는 삼십삼천에 이르러 제석천왕에게 공양하기 위하여 갖가지 즐거운 것을 변화하여 만들며 천신들처럼 꼭 같이 즐거움을 받느니라."

비유에서 본래의 코끼리라는 것은 보살이 수행이 원만하여 부처님과 모든 공덕이 꼭 같아서 그대로가 부처님이라는 뜻이다. 또 코끼리이면서 몸을 변화하여 코끼리의 몸을 숨기고 천신이 되어 여러 천신들과 함께 노닐어 천신과 조금도 다를 바가 없다는 것은 보살행을 실천하는 부처님이 부처님의 지위를 숨기고 보살이 되어 중생을 마음껏 교화한다는 뜻이다.

진정한 선지식은 아무리 높은 경지에 이르렀더라도 그 경지를 숨기고 누구와도 함께할 수 있어야 한다. 그것이 부처님의 특권이며 의무이고, 선지식의 특권이며 의무이다. 1970년경에 경상남도 월내에 있는 묘관음사 향곡香谷스님의 회하에서 정진할 때의 일이다. 절 이웃 언덕배기에 걸인들의 거처

가 있었다. 가끔 그들과 만나 이야기를 나누었는데 어느 날 익숙한 관계가 되니 궁금해서 묻는다면서, "스님들은 무슨 할 일이 그렇게도 없어서 스님 노릇을 합니까?"라고 하였다. 그들은 스님들이 매우 불쌍하게 보였던 것이다. 그렇다. 진정한 수행자는 높을 때는 천자보다도 높아야 하고 낮을 때는 걸인보다도 낮아야 한다. 그와 같이 원융무애한 자세로 위로는 깨달음을 구하고 아래로는 중생을 교화해야 할 것이다.

〈4〉 비유와 법을 함께 밝히다

① 온갖 행을 갖추다

佛子야 菩薩摩訶薩도 亦復如是하야 修習普賢
불자 보살마하살 역부여시 수습보현

菩薩行願과 及諸三昧로 以爲衆寶莊嚴之具하며
보살행원 급제삼매 이위중보장엄지구

七菩提分으로 爲菩薩身하며 所放光明으로 以之爲網
칠보리분 위보살신 소방광명 이지위망
하며

"불자여, 보살마하살도 또한 그와 같아서 보현보살의 행行과 원願과 모든 삼매를 닦는 것으로 보배의 장엄거리를 삼고, 일곱 가지 보리[七菩提]의 부분법으로 보살의 몸을 삼으며, 몸에서 놓는 광명으로 그물을 삼느니라."

建大法幢하며 鳴大法鐘하며 大悲爲窟하며 堅固
大願으로 以爲其牙하며 智慧無畏가 猶如獅子하며 法
繒繫頂하야 開示秘密하며 到諸菩薩行願彼岸하나니라

"큰 법의 당기幢旗를 세우고 큰 법의 종鐘을 치며, 크게 가엾이 여기는 마음으로 굴窟을 삼고, 견고한 큰 서원으로 어금니를 삼으며, 지혜와 두려움 없기는 마치 사자와 같고, 법의 비단을 정수리에 매고 비밀을 열어 보이며, 모든 보살의 행과 원의 저 언덕에 이르느니라."

불교경전에서는 대개 법을 설하고 그 법의 내용을 다시 비유를 들어 분명하게 하는데, 보살의 수행이 부처님과 꼭 같으나 보살로 활동하게 된 까닭을 코끼리에 비유하였다. 이 코끼리는 금협산金脇山 칠보굴 속에서 사는데 온갖 복덕으로 장엄하였고, 뛰어난 신통이 있지만 밖으로 드러내지 않다가 인연이 되면 신통을 드러내어 천신으로 변화하여 천신과 꼭 같이 행동한다. 이것은 보살이 부처님의 공덕을 다 갖추고도 보살로서 중생을 교화하는 것을 비유하였다.

② 걸림이 없는 행을 닦다

위욕안처보리지좌 성일체지 득최정
爲欲安處菩提之座하야 **成一切智**하야 **得最正**

각 증장보현광대행원 불퇴불식 부단
覺하며 **增長普賢廣大行願**하야 **不退不息**하고 **不斷**

불사 대비정진 진미래제 도탈일체고
不捨하며 **大悲精進**하야 **盡未來際**토록 **度脫一切苦**

뇌중생
惱衆生하며

"보리의 자리에 앉아서 일체 지혜를 이루고, 가장 바른 깨달음을 얻기 위하여 보현의 광대한 행과 원을 증장하여, 물러나지 않고 쉬지도 않고, 끊이지 않고 버리지 않으며, 큰 자비로 정진하여 오는 세월이 끝나도록 모든 고통에 빠진 중생을 제도하느니라."

삼매에 머문 보살로서 바른 깨달음을 이루는 일이나, 보현의 광대한 행과 원을 증장하여 물러서지 않고 쉬지도 않으면서 큰 자비로 미래 세상이 다할 때까지 모든 고통받는 중생을 제도하는 것이 걸림이 없다. 즉 부처님의 일이나 보살의 일이나 걸림이 없이 자유자재함을 낱낱이 거듭거듭 밝혀 나간다.

불사보현도 현성최정각 현불가설불
不捨普賢道하고 **現成最正覺**하며 **現不可說不**

가설성정각문 현불가설불가설전법륜문
可說成正覺門하며 **現不可說不可說轉法輪門**하며

현불가설불가설주심심문
現不可說不可說住深心門하며

"보현의 도를 버리지 않고 가장 바른 깨달음을 이루어 보이나니, 말할 수 없이 말할 수 없는 바른 깨달음을 이루는 문을 나타내며, 말할 수 없이 말할 수 없는 법의 바퀴를 굴리는 문을 나타내며, 말할 수 없이 말할 수 없는 깊은 마음에 머무는 문을 나타내느니라."

보현의 도는 곧 정각을 이루는 것이며, 정각을 이루어 말할 수 없이 많은 법륜을 굴려 말할 수 없이 많은 중생을 제도하는 것 역시 보현의 도다. 보현의 도란 곧 보살행의 극치이다. 정각을 이루었다면 곧바로 부처님이다. 곧 부처님이 되어 보살행의 극치인 보현의 도를 나타내는 것이다.

어불가설불가설광대국토 현열반변화문
於不可說不可說廣大國土에 **現涅槃變化門**하며

어불가설불가설차별세계 이현수생 수보
於不可說不可說差別世界에 **而現受生**하야 **修普**

현 행
賢行하며

 "말할 수 없이 말할 수 없는 광대한 국토에서 열반의 변화하는 문을 나타내며, 말할 수 없이 말할 수 없는 차별한 세계에 태어나서 보현의 행을 닦으며,

현불가설불가설여래   어불가설불가설광
現不可說不可說如來가 **於不可說不可說廣**
대국토보리수하   성최정각   불가설불가
大國土菩提樹下에 **成最正覺**이어든 **不可說不可**
설보살중   친근위요
說菩薩衆이 **親近圍遶**하며

 말할 수 없이 말할 수 없는 여래가 말할 수 없이 말할 수 없는 광대한 국토에 있는 보리수 아래에서 가장 바른 깨달음을 이루고, 말할 수 없이 말할 수 없는 보살 대중이 친근하고 둘러앉아 있음을 나타내느니라."

 무수한 광대 국토에서 열반을 나타내고 또 무수한 차별

의 세계에 태어나서 보살행의 극치인 보현행을 닦는다. 보현행을 닦으므로 무수한 여래가 무수한 국토에서 보리수나무 밑에 앉아 정각을 이루고 무수한 보살 대중들이 친근하고 에워싸고 있음을 나타내 보인다.

或於一念頃에 修普賢行하야 而成正覺하며 或須臾頃과 或於一時와 或於一日과 或於半月과 或於一月과 或於一年과 或無數年과 或於一劫과 如是乃至不可說不可說劫에 修普賢行하야 而成正覺하며

"혹 한 생각 사이에 보현의 행을 닦아 바른 깨달음을 이루며, 혹은 잠깐, 혹은 한 시, 혹은 하루, 혹은 반 달, 혹은 한 달, 혹은 일 년, 혹은 여러 해, 혹은 한 겁으로 내지 말할 수 없이 말할 수 없는 겁에 보현의 행

을 닦아서 바른 깨달음을 이루느니라."

보살행에는 여러 가지가 있다. 관세음보살의 큰 자비의 행이 있는가 하면 지장보살의 지옥 중생을 위한 뜨거운 마음도 있다. 지장보살은 '지옥이 텅 비기 전에는 맹세코 성불하지 않겠다'거나 '내가 지옥에 들어가지 않으면 누가 지옥에 들어가겠는가.'라는 굳센 서원을 세웠다. 그러나 모든 보살의 가지가지 서원 중에 보현보살의 서원을 가장 위대한 서원으로 여긴다. 이와 같은 보현보살의 서원의 행을 혹 한순간에 닦아서 정각을 이루기도 하고, 혹은 잠깐, 혹은 한 시, 혹은 하루, 혹은 반 달, 혹은 한 달, 혹은 일 년, 혹은 여러 해, 혹은 한 겁으로 내지 말할 수 없이 말할 수 없는 겁에 닦아서 정각을 이루기도 한다. 보현보살의 행은 어려우나 정각은 쉽기 때문이다. 그러므로 불법의 근본 목적이며 최종 목적은 곧 보현의 행과 원을 실천하여 모든 사람을 보현보살로 만드는 일이다. 만약 세상 사람들이 모두 보현보살이 된다면 보현보살의 서원이 만족할 것인가. 허공은 다함이 있을지언정 보현보살의 서원은 다함이 없을 것이다.

復於一切諸佛刹中에 而爲上首하야 親近於佛하야 頂禮供養하고 請問觀察如幻境界하야 淨修菩薩의 無量諸行과 無量諸智와 種種神變과 種種威德과 種種智慧와 種種境界와 種種神通과 種種自在와 種種解脫과 種種法明과 種種敎化調伏之法이니라

"다시 또 일체 모든 부처님 세계에서 상수上首가 되어 부처님을 친근하고 예배하고 공양하며, 환술과 같은 경계를 묻고 관찰하여, 보살의 한량없는 모든 행과 한량없는 모든 지혜와 갖가지 신통변화와 갖가지 위덕威德과 갖가지 지혜와 갖가지 경계와 갖가지 신통과 갖가지 자재함과 갖가지 해탈과 갖가지 법의 밝음과 갖가지로 교화하고 조복하는 법을 청정하게 닦느니라."

삼매에 머문 보살은 그 덕행이 일체 모든 부처님 세계에

서 상수가 되어 부처님을 친근하고 예배하며 공양하고 일체 존재의 환술과 같은 경계를 묻고 관찰한다. 보살의 한량없는 모든 행과 한량없는 모든 지혜와 갖가지 신통변화와 갖가지 위덕과 갖가지 지혜와 갖가지 경계와 갖가지 신통과 갖가지 자재함과 갖가지 해탈과 갖가지 법의 밝음과 갖가지로 교화하고 조복하는 법을 청정하게 남김없이 다 닦는다. 부처님의 경지에 이미 이르렀어도 보현의 행을 수행하는 것이 본래의 의무이기 때문에 영원히 닦고 행하는 것이다. 허공은 다함이 있을지언정 보살의 행과 원은 다함이 없다. 불법은 곧 보현의 행원이고 보현의 행원은 곧 불법이다.

③ 무너지지 않는 인忍을 밝히다

佛子야 菩薩摩訶薩이 本身不滅하고 以行願力으로 於一切處에 如是變現하나니라

"불자여, 보살마하살의 본래의 몸은 없어지지 않지마는 행과 서원의 힘으로 일체 처소에서 이와 같이 변

화하여 나타나느니라."

　보살마하살의 본래의 몸은 없어지지 않는다고 하였다. 보살마하살의 본래의 몸이란 곧 법신이며, 진여자성이며, 법성이며, 참사람이며, 참마음이며, 참나이다. 이 참사람은 본래로 없어지지 않는다. 본래로 불생불멸이기 때문이다.

　그렇다면 진여자성, 참마음, 참사람은 무엇인가. 현재 여기에서 사물을 보고 책을 읽고 온갖 소리를 듣는 그 당체이다. 사람 사람마다 밖으로 드러난 모습은 남녀노소 승속 등으로 천차만별하지만 지금 이 자리에서 사물을 보고 소리를 듣는 그 사실에는 어떤 조건도 차별도 없다. 밖으로 드러난 차별된 형상으로 보고 듣는 것이 아니다. 조건이나 차별 없이 보고 듣는 그것이 곧 진여자성이며, 참마음, 참사람이다.

　그러나 한편으로는 일체 처와 일체 시간에서 인연을 따라 천 가지로 변화하고 만 가지로 변화한다. 참마음, 참사람에게는 변화하지 않는 참답고 여여한 속성이 있는가 하면 인연을 따라 천변만화하는 속성도 함께 있기 때문이다. 그러므로 부처님이면서 보살로 나타나서 일체 중생을 교화하는 것이다. 이것이 보살의 없어지지 않는 본래의 몸이다.

7) 삼매의 이익을 거듭 밝히다

何以故ㅇ 欲以普賢自在神力으로 調伏一切諸衆生故며 令不可說不可說衆生으로 得淸淨故며 令其永斷生死輪故며 嚴淨廣大諸世界故며 常見一切諸如來故며

"무슨 까닭인가. 보현의 자유자재한 신통의 힘으로 일체 모든 중생을 조복하려는 까닭이며, 말할 수 없이 말할 수 없는 중생들로 하여금 청정함을 얻게 하려는 까닭이며, 그들로 하여금 생사에서 윤회함을 영원히 끊게 하려는 까닭이며, 광대한 모든 세계를 깨끗이 장엄하려는 까닭이며, 일체 모든 여래를 항상 친견하려는 까닭이니라."

심입일체불법류고　　억념삼세제불종고
深入一切佛法流故며 **憶念三世諸佛種故**며

억념시방일체불법　　급법신고　　보수일체보
憶念十方一切佛法과 **及法身故**며 **普修一切菩**

살제행　　사원만고　　입보현류　　자재능증
薩諸行하야 **使圓滿故**며 **入普賢流**하야 **自在能證**

일체지고
一切智故니라

"일체 부처님 법의 흐름에 깊이 들어가려는 까닭이며, 삼세의 모든 부처님 종성을 생각하려는 까닭이며, 시방의 모든 부처님 법과 법신을 생각하려는 까닭이며, 일체 보살의 모든 행을 널리 닦아서 원만케 하려는 까닭이며, 보현의 흐름에 들어가서 자유롭게 일체 지혜를 증득하려는 까닭이니라."

　보살마하살의 본래의 몸은 없어지지 않지마는 행과 서원의 힘으로 일체 처소에서 이와 같이 변화하는 까닭을 들어 삼매의 이익과 공덕에 대해 다시 반복하여 정리한다. 삼매의 힘으로 중생을 조복하려는 까닭이며, 일체 중생들로 하여금 청정함을 얻게 하려는 까닭이며, 일체 중생들의 생사에서 윤

회함을 영원히 끊게 하려는 까닭 등이다.

佛子야 汝應觀此菩薩摩訶薩의 不捨普賢行하며 不斷菩薩道하고 見一切佛하며 證一切智하야 自在受用一切智法하라

"불자여, 그대는 응당 이 보살마하살이 보현의 행을 버리지 않으며, 보살의 도를 끊지 않고, 모든 부처님을 친견하며, 일체 지혜를 증득하고, 일체 지혜의 법을 자재하게 받아 가지는 것을 잘 관찰하느니라."

보살마하살이 보현의 행을 버리지 않으며 보살의 도를 끊지 않는 것은 보살행의 원인을 해석하는 내용이다. 그리고 모든 부처님을 친견하며, 일체 지혜를 증득하고, 일체 지혜의 법을 자재하게 받아 가지는 것을 잘 관찰하는 것은 보살행의 결과이다.

여 이 나 발 나 상 왕　　　　불 사 상 신　　　　왕 삼 십 삼 천
如伊羅鉢那象王이 **不捨象身**하고 **往三十三天**

위 천 소 승　　　　수 천 쾌 락　　　　작 천 유 희　　　　승 사
하야 **爲天所乘**하며 **受天快樂**하며 **作天遊戱**하야 **承事**

천 주　　　　여 천 채 녀　　　　이 작 환 오　　　　동 어 제 천
天主하고 **與天婇女**로 **而作歡娛**호대 **同於諸天**하야

무 유 차 별
無有差別인달하야

"마치 이나발나 코끼리가 코끼리의 몸을 버리지 않고 삼십삼천에 가서 천신을 태우고, 천신의 즐거움을 받고, 천신의 유희를 하고, 천왕을 받들어 섬기면서 하늘 채녀들과 함께 즐기는 것이 모든 천신들과 같고 차별이 없는 것과 같으니라."

불 자　　　보 살 마 하 살　　　역 부 여 시　　　　불 사 보 현
佛子야 **菩薩摩訶薩**도 **亦復如是**하야 **不捨普賢**

대 승 제 행　　　　불 퇴 제 원　　　　득 불 자 재　　　　구 일 체
大乘諸行하며 **不退諸願**하고 **得佛自在**하야 **具一切**

지   증불해탈   무장무애   성취청정   어
智하며 **證佛解脫**하야 **無障無礙**하며 **成就淸淨**하야 **於**

제국토   무소염착   어불법중   무소분별
諸國土에 **無所染着**하고 **於佛法中**에 **無所分別**하며

"불자여, 보살마하살도 또한 그와 같아서 보현의 대승의 모든 행을 버리지 않으며, 모든 서원에서 물러나지 않고 부처님과 같이 자재함을 얻어 일체 지혜를 갖추며, 부처님의 해탈을 증득하여 막힘도 없고 걸림도 없으며, 청정함을 성취하여 모든 국토에 물들지 않으며, 부처님 법에 분별이 없느니라."

앞에 들었던 비유를 다시 들어 그 뜻을 분명히 하였다. 보살은 보현의 모든 행과 대승의 모든 행을 버리지 않으며, 모든 서원에서 물러나지 않고, 부처님과 같이 자재함을 얻어 일체 지혜를 갖추며, 부처님의 해탈을 증득하여 막힘도 없고 걸림도 없다. 이 내용은 보살의 원인을 버리지 않으면서 그 과위를 나타낸 것이다. 또 그 불과佛果의 지위에서 다시 보살행을 펼친다. 이것이 원인도 원만하고 과위도 원만한 것이다. 예컨대 씨앗이 곧 열매이며 열매가 곧 씨앗이다. 만약 곡

식을 심어 열매만 거두고 그 열매로써 다시 씨앗의 역할을 하지 않는다면 돌아오는 해의 농사가 어떻게 되겠는가. 모두가 한결같은 이치이다.

雖知諸法이 普皆平等하야 無有二相이나 而恒
明見一切佛土하며 雖已等同三世諸佛이나 而修
菩薩行하야 相續不斷하나니

"비록 모든 법이 널리 다 평등하여 두 모양이 없음을 알지마는 항상 일체 부처님 국토를 분명히 보며, 비록 삼세의 모든 부처님과 이미 동등하지마는 보살의 행을 닦아서 계속하여 끊이지 않느니라."

"비록 삼세의 모든 부처님과 이미 동등하지마는 보살의 행을 닦아서 계속하여 끊이지 않는다."는 것은 그 과위를 깨뜨리지 않으면서 그 원인을 나타내는 소식이다. 즉 부처님으로서 다시 보살행을 세세생생 계속해서 펼치는 일이다. 다시 한 번 반복하면 농사를 지어 열매를 거두고 그 열매를 다시 씨앗으로 활용하는 이치이다.

佛_불子_자야 菩_보薩_살摩_마訶_하薩_살이 安_안住_주如_여是_시普_보賢_현行_행願_원廣_광大_대之_지法_법하면 當_당知_지是_시人_인은 心_심得_득淸_청淨_정하리라 佛_불子_자야 此_차是_시菩_보薩_살摩_마訶_하薩_살의 第_제十_십無_무礙_애輪_륜大_대三_삼昧_매殊_수勝_승心_심廣_광大_대智_지니라

"불자여, 보살마하살이 이와 같이 보현의 행과 원인 광대한 법에 편안히 머물면 이 사람은 마음이 청정해지는 줄을 마땅히 알아야 하느니라. 불자여, 이것이 보살마하살의 제10 걸림이 없는 바퀴 큰 삼매의 수승한 마음과 광대한 지혜이니라."

모든 사람 모든 생명이 다 같이 보살이 되어 이와 같은

보현의 행과 원의 광대한 법에 편안히 머물면 그 마음은 청정하고 이 세상은 아름답게 빛나는 화장장엄세계가 될 것이다. 이것이 열 번째 걸림이 없는 바퀴 큰 삼매의 수승한 마음과 광대한 지혜이다. 열 번째 삼매에 대해서 가장 길게 설하였다.

(28) 열 가지 삼매를 모두 맺다

佛子야 此是菩薩摩訶薩의 所住普賢行十大
三昧輪이니라

"불자여, 이것이 보살마하살이 머무는 보현행의 열 가지 큰 삼매 바퀴이니라."

불법 수행에서 삼매라는 것이 얼마나 중요한지를 알게 한 품이다. 경전의 양도 무려 4권이나 된다. 화엄경에서 매우 자주 거론하는 말이 '일체 지혜'이다. 일체 존재의 평등한 면과 차별한 면을 다 밝게 아는 지혜를 말한다. 그와 같은 일체 지혜를 성취하려면 반드시 선정을 먼저 닦아야 하는데 그것이 곧 이 십정품의 설법이다. 모든 보살행 중에서 가장 뛰어난 보현행의 열 가지 큰 삼매에 대한 내용이다.

십정품 끝

〈제43권 끝〉

華嚴經 構成表

分次	周次			內容	品數	會次
擧果勸樂生信分 (信)	所信因果周			如來依正	世主妙嚴品 第一 如來現相品 第二 普賢三昧品 第三 世界成就品 第四 華藏世界品 第五 毘盧遮那品 第六	初會
修因契果生解分 (解)	差別因果周	差別因		十信	如來名號品 第七 四聖諦品 第八 光明覺品 第九 菩薩問明品 第十 淨行品 第十一 賢首品 第十二	二會
				十住	昇須彌山頂品 第十三 須彌頂上偈讚品 第十四 十住品 第十五 梵行品 第十六 初發心功德品 第十七 明法品 第十八	三會
				十行	昇夜摩天宮品 第十九 夜摩天宮偈讚品 第二十 十行品 第二十一 十無盡藏品 第二十二	四會
				十迴向	昇兜率天宮品 第二十三 兜率宮中偈讚品 第二十四 十迴向品 第二十五	五會
				十地	十地品 第二十六	六會
				等覺	十定品 第二十七 十通品 第二十八 十忍品 第二十九 阿僧祇品 第三十 如來壽量品 第三十一 菩薩住處品 第三十二	七會
		差別果		妙覺	佛不思議法品 第三十三 如來十身相海品 第三十四 如來隨好光明功德品 第三十五	
		平等因果周	平等因		普賢行品 第三十六	
			平等果		如來出現品 第三十七	
托法進修成行分 (行)	成行因果周			二千行門	離世間品 第三十八	八會
依人證入成德分 (證)	證入因果周			證果法門	入法界品 第三十九	九會

(資料：文殊經典研究會)

會場	放光別	會主	入定別	說法別舉
菩提場	遮那放齒光眉間光	普賢菩薩為會主	入毘盧藏身三昧	如來依正法
普光明殿	世尊放兩足輪光	文殊菩薩為會主	此會不入定．信未入位故	十信法
忉利天宮	世尊放兩足指光	法慧菩薩為會主	入無量方便三昧	十住法門
夜摩天宮	如來放兩足趺光	功德林菩薩為會主	入菩薩善思惟三昧	十行法門
兜率天宮	如來放兩膝輪光	金剛幢菩薩為會主	入菩薩智光三昧	十迴向法門
他化天宮	如來放眉間毫相光	金剛藏菩薩為會主	入菩薩大智慧光明三昧	十地法門
再會普光明殿	如來放眉間口光	如來為會主	入剎那際三昧	等妙覺法門
三會普光明殿	此會佛不放光．表行依解法依解光故	普賢菩薩為會主	入佛華莊嚴三昧	二千行門
祇陀園林	放眉間白毫光	如來善友為會主	入獅子頻申三昧	果法門

如天 無比

1943년 영덕에서 출생하였다. 1958년 출가하여 덕흥사, 불국사, 범어사를 거쳐 1964년 해인사 강원을 졸업하고 동국역경연수원에서 수학하였다. 10여 년 선원생활을 하고 1976년 탄허스님에게 화엄경을 수학하고 전법, 이후 통도사 강주, 범어사 강주, 은해사 승가대학원장, 대한불교조계종 교육원장, 동국역경원장, 동화사 한문불전승가대학원장 등을 역임하였다.

현재 부산 문수선원 문수경전연구회에서 150여 명의 스님과 250여 명의 재가 신도들에게 화엄경을 강의하고 있다. 또한 다음 카페 '염화실(http://cafe.daum.net/yumhwasil)'을 통해 '모든 사람을 부처님으로 받들어 섬김으로써 이 땅에 평화와 행복을 가져오게 한다.'는 인불사상(人佛思想)을 펼치고 있다.

저서로 『법화경 법문』, 『신금강경 강의』, 『직지 강설』(전 2권), 『법화경 강의』(전 2권), 『신심명 강의』, 『임제록 강설』, 『대승찬 강설』, 『유마경 강설』, 『당신은 부처님』, 『사람이 부처님이다』, 『이것이 간화선이다』, 『무비 스님과 함께하는 불교공부』, 『무비 스님의 증도가 강의』, 『일곱 번의 작별인사』, 『무비 스님이 가려 뽑은 명구 100선 시리즈』(전 4권) 등이 있고 편찬하고 번역한 책으로 『화엄경(한글)』(전 10권), 『화엄경(한문)』(전 4권), 『금강경 오가해』 등이 있다.

대방광불화엄경 강설 제43권

| 초판 1쇄 발행_ 2016년 7월 18일
| 초판 2쇄 발행_ 2018년 3월 21일

| 지은이_ 여천 무비(如天 無比)
| 펴낸이_ 오세룡
| 편집_ 박성화 손미숙 정선경 이연희
| 기획_ 최은영
| 디자인_ 고혜정 김효선 장혜정
| 홍보 마케팅_ 이주하
| 펴낸곳_
　　서울특별시 종로구 사직로8길 34 (내수동) 경희궁의 아침 3단지 926호
　　대표전화 02)765-1251 전송 02)764-1251 전자우편 damnbooks@hanmail.net
　　출판등록 제300-2011-115호
| ISBN　979-11-87362-17-3　04220

정가 14,000원

ⓒ 무비스님 2016